사람으로 잡는 일본어

역발상일본어 ③

사람으로 잡는 日本語

구태훈

HUMANMAKER

책을 내면서

사람은 벌거숭이로 이 세상에 옵니다. 그러나 걱정하지 않아도 됩니다. 부모의 사랑이 있기 때문입니다. 부모가 먹여주고, 입혀줍니다. 비바람과 외부의 위험에서 몸을 지킬 수 있는 보금자리에서 성장합니다. 의식주는 사람의 생존에 가장 필요한 조건이라는 것을 알 수 있습니다.

의식주가 필요한 것은 사람의 몸입니다. 그런데 사람의 몸은 나약합니다. 생노병사의 굴레에서 자유롭지 못합니다. 늙는 것은 곧 병드는 것입니다. 그래서 사람은 일찍부터 자신의 몸을 탐구했습니다. 몸의 각 부분의 명칭은 물론 늙고 병들면 어떤 증상이 나타나는지, 또 어떻게 치료하면 덜 고통스럽게 목숨을 이어갈 수 있는지 연구했습니다.

너무도 당연한 말이지만, 우리가 사용하는 말은 사람의 생활 속에서 자연스럽게 형성된 것입니다. 모든 말이 사람과 관련이 되어 있다고 할 수 있습니다. 우리 주변에 있는 많은 가게 대부분이 의식주를 해결하기 위한 물품이나 도구를 파는 곳입니다. 그 밖에 사람의 몸을 쉬게 하거나, 꾸미거나, 오감五感, 즉 눈·귀·코·혀·피부의 감각을 만족시키기 위한 곳이 대부분입니다.

사람은 사회를 형성합니다. 의식주를 책임지는 생업, 즉 농공상農工商 이외에 많은 직업이 생겨났습니다. 자연스럽게 학교가 세워졌습니다. 학교는 예부터 축적된 지식과 경험을 경제적인 방법으로 '구입'하는 시스템입니다. 인구가 늘어나면서 도시가 생기고 교통이 발달했습니다. 병을 고치는 것도 사업으로 여기는 세상이 되었습니다.

몸과 마음(정신)이 분리되어 있다고 믿는 사람이 많습니다. 그러나 마음의 영역으로 분류되는 칠정七情, 즉 기쁨(喜)·노여움(怒)·슬픔(哀)·즐거움(樂)·사랑(愛)·미움(惡)·욕심(欲)의 감정은 몸의 유전자 조합이나 호르몬 작용에서 나오는 현상입니다. 칠정도 몸의 범위를 벗어나지 못합니다.

인간은 다른 동물보다 뛰어난 두뇌를 갖고 있습니다. 다른 동물이 갖고 있지 않은 지적 호기심과 탐구심이 있습니다. 그러나 이것 또한 욕심의 범위입니다. 문학·예술·학문은 사람의 욕심을 만족시키기 위해 개발되었다고 할 수 있을 것입니다. 조심스럽지만, 종교 또한 욕심의 연장선에 있다고 할 수 있습니다. 욕심을 만족시키지 않는 한 구원은 없기 때문입니다.

이야기가 좀 길다고 너무 나무라지 마시기 바랍니다. 앞에서 이야기한 것 모든 것이 이 책의 탐구 대상입니다. 그중에서 특히 사람의 몸, 몸과 관련된 것, 사람이 살아가면서 꼭 필요하거나 어쩔 수 없이 접촉하는 것 등에 초점을 맞춰, 그 어휘를 배열하고 분석했습니다. 감히 말하건대, 이 책 한 권을 충실히 읽으면 사람과 관련된 필요한 어휘는 거의 다 학습했다고 할 수 있을 것입니다.

이 책 또한 필자가 일본어를 공부할 때 메모한 단어장을 기초로 하여 편집한 것입니다. 여러분이 이 책을 재미있게 읽어 내려가기만 하면 '자동으로' 일본어 어휘를 익힐 수 있도록 편집했습니다. 필자가 오랜 시간에 걸쳐서 어렵게 습득한 일본어 학습 노하우를 여러분에게 드립니다. 이 책이 아주 짧은 시간에 일본어 어휘가 여러분의 몸에 자연스럽게 녹아들 수 있게 도울 것입니다. 좋은 결과가 있기를 기원합니다.

2024년 봄

도쿄의 숙소에서, 상냥하지만
어쩐지 정겹지 않은 일본인을 생각하며
구　　태　　훈

차례

책을 내면서 / 5

1. 여자 ❧ 남자 / 11
2. 사랑 ❧ 결합 / 19
3. 몸 ❧ 마음 / 28
4. 뼈 ❧ 살 / 37
5. 머리 ❧ 얼굴 / 46
6. 모발 ❧ 수염 / 55
7. 얼굴의 명칭 ❧ 특징 / 61
8. 눈 ❧ 눈물 / 68
9. 눈의 기능 / 75
10. 귀의 기능 / 88

11. 코의 기능 / 98

12. 입의 기능-1 / 109

13. 입의 기능 -2 / 117

14. 입술 ✤ 이빨 / 125

15. 혀 ✤ 침 / 132

16. 목구멍의 기능 / 139

17. 피부 ✤ 촉감 / 146

18. 목 ✤ 몸통 ✤ 어깨 / 155

19. 팔 ✤ 손 / 162

20. 손의 기능 - 1 / 171

21. 손의 기능 - 2 / 180

22. 손의 기능 - 3 / 188

23. 가슴 ✤ 배 / 195

24. 등 ✤ 허리 / 205

25. 궁둥이 ✤ 다리 ✤ 발 / 212

26. 무릎 ✤ 관절 ✤ 발목 / 221

27. 내장의 기능 / 231

28. 병의 증상 - 1 / 242

29. 병의 증상 - 2 / 250

30. 질병의 종류 / 259

31. 의료 ✤ 병원 ✤ 약품 / 269

32. 의식주 탐구 - 1 / 278

33. 의식주 탐구 - 2 / 290

34. 의식주 탐구 - 3 / 301

35. 의식주 탐구 - 4 / 312

36. 가족 ❧ 친족 / 324

37. 인간관계 / 331

38. 신분관계 / 343

39. 인간과 사회 - 1 / 350

40. 인간과 사회 - 2 / 364

41. 학교 ❧ 교육 / 379

42. 통신 ❧ 미디어 / 391

43. 교통 ❧ 운송 / 400

1

여자 ✣ 남자

이 세상의 살아있는 것들은 모두 음양(陰陽)의 법칙에 따라 생기고 없어집니다. 만물의 영장이라고 하는 사람 또한 그 법칙에서 자유로울 수 없습니다. 그 출발점에 여자와 남자가 있습니다.

❶ ひと(人) 사람

≪사람≫

ひとのうえにひとなく、ひとのしたにひとなし(人の上に人なく, 人の下に人なし) = 사람 위에 사람 없고, 사람 밑에 사람 없다

ひとはひをつかう(人は火を使う) = 사람은 불을 사용한다

ひとをひとともおもわない(人を人とも思わない)
= 사람을 사람으로 여기지 않다

ひとをみるめ(人を見る目) = 사람을 보는 눈

ひとづきのいいひと(人付きのいい人) = 붙임성이 있는 사람

こいしたうひと(恋い慕う人) = 사모하는 사람

せいかいにひとなし(政界に人なし) = 정계에 사람(인물)이 없다

≪세상사람 ; 남≫

ひとのうわさ(人の噂) = 세상 소문

ひとのよのつね(人の世の常) = 인간 세상에 흔히 있는 일

ひとのめをきにする(人の目を気にする) = 남의 눈을 의식하다

ひとのかねにてをだす(人の金に手を出す) = 남의 돈에 손을 대다

ひとしれぬくろうがあった(人知れぬ苦労があった)
= 남이 모르는 고생이 있었다

ひとをくう(人を食う) = 남을 깔보다

≪인품≫

ひと(人)がいい = 사람(인품)이 좋다

ひと(人)がわるい = 사람(인품)이 나쁘다

≪합성어 · 관용구≫

ひと(人)あしらい = 사람을 접대하는 일

ひといきれ(人熱れ) = 사람의 훈기

ひとかげ(人影) = 사람의 그림자(사람의 모습)

ひと(人)がましい = 사람답다

ひとがら(人柄) = 인품

ひとけ(人気) = 인기척

ひとげ(人気) = 인간다움

ひとこいしい(人恋しい) = 사람이 그립다

ひとごこち(人心地) = 살아있다는 기분 ; 제 정신

ひとさらい(人攫い) = 유괴(범)

ひとじち(人質)となる = 인질이 되다

ひとしれずなやむ(人知れず悩む) = 남 몰래 고민하다

ひとなれる(人馴れる) = 친숙해지다 ; 길들다

ひとなれたいぬ(人馴れた犬) = 길든 개

ひとまじわり(人交わり) = 사귐 ; 교제

❷ おんな(女) 여자 ; 여성

おんなことば(女言葉) = 여성어

おんならしい(女らしい) = 여자답다

おんな(女)になる = 여자가 되다(처녀성을 잃다)

おんながあがる(女が上がる) = 더욱 여자다워지다

おんながてきる(女が出来る) = 여자 애인이 생기다

しろうとおんな(素人女) = 여염집 여자

みもちおんな(身持女) = 임신부

おんなじょたい(女所帯) = 여자들만의 살림

おんなごろし(女殺し) = 여자를 뇌쇄하는 매혹적인 남자

かれはおんなぐせがわるい(彼は女癖が悪い)

= 그는 여자에 대한 버릇이 나쁘다

かのじょはおんなだてらにおおざけをのむ(彼女は女だてらに大酒を飲む) = 그녀는 여자답지 않게 술을 너무 마시다

❖ おとこらしい(男らしい) = 남성답다

　おとこじょたい(男所帯) = 남자들만의 살림

　おとこごろし(男殺し) = 남자를 뇌쇄하는 매혹적인 여자

❸ おとこ(男) 남자 ; 사나이

おとこのなかのおとこ(男の中の男) = 사나이 중의 사나이
かれはおとこらしいおとこだ(彼は男らしい男だ)
= 그는 사나이다운 사나이다
おとこいっぴき(男一匹) = 사나이 대장부

かたいおとこ(堅い男) ; まじめなおとこ(真面目な男) = 건실한 사내
じゅんなおとこ(純な男) = 순진한 사내
たよりないおとこ(頼り無い男) = 미덥지 못한 사내

おとこをみせる(男を見せる) = 사나이다움을 보이다

おとこならなきことをいうな(男なら泣き言をいうな)
= 사나이라면 우는 소리하지 마라

おとこをつくる(男を作る) = 서방질하다

おとこができる(男が出来る) = 딴 남자가 생기다

おとこをあげる(男を上げる) = 남자로서의 위신을 세우다

おとこをさげる(男を下げる) = 남자로서의 위신이 깎이다

おとこをうる(男を売る) = 훌륭한 남자라는 평판을 얻다

おとこぎのあるひと(男気のある人) = 의협심이 있는 사람

おとこぐるい(男狂い) = (여자가) 남자에 미침

おとこけ(男気) = 남자가 있는 기색

おとこごころ(男心) = 남자의 마음

おとこざかり(男盛り) = 남자가 한창일 때

おとこばら(男腹) = 아들만 낳는 여자

おとこむき(男向き) = 남자가 쓰기에 적합함

おとこもの(男物) = 남자용품

おとこやもめ(男鰥) = 홀아비

❖ おんなぐるい(女狂い) = 여자에 미침

　おんなけ(女気) = 여자가 있는 기색

　おんなごころ(女心) = 여자의 마음

　おんなざかり(女盛り) = 여자가 한창일 때

　おんなばら(女腹) = 딸만 낳는 여자

　おんなむき(女向き) = 여자가 쓰기에 적합함

　おんなもの(女物) = 여성용품

　やもめ(寡婦) ; ごけ(後家) ; みぼうじん(未亡人) = 과부

 *kotoba*

ばんぶつ(万物) = 만물
れいちょう(霊長) = 영장
ほうそく(法則) = 법칙
はんじょう(繁盛) = 번성
せいかい(政界) = 정계

くろう(苦労) = 고생
ひとじち(人質) = 인질
しろうと(素人) = 풋내기
しょたい(所帯) = 집안 살림
おとこぎ(男気) = 의협심

つかう(使う) = 쓰다
こいしい(恋しい) = 그립다
さらう(攫う) = 날치기하다
なやむ(悩む) = 고민하다
なれる(馴れる) = 친숙해지다
まじわる(交わる) = 사귀다
ころす(殺す) = 죽이다

のむ(飲む) = 마시다
かたい(堅い) = 단단하다
たよる(頼る) = 의지하다
あげる(上げる) = 올리다
さげる(下げる) = 내리다
くるう(狂う) = 미치다
さかる(盛る) = 번창하다

2

사랑 ✤ 결합

여자와 남자는 음양의 법칙에 따라 끌리게 됩니다. 그것을 사랑이라고 합니다. 남녀가 육체적으로 하나가 되고, 남자의 정자가 여자의 난자 속으로 들어가면 세포 분열이 시작됩니다. 새로운 목숨이 탄생할 수 있는 가능성이 높아지지요.

❶ あい(愛) 사랑

あいがめばえる(愛が芽生える) = 사랑이 싹트다
あまいあい(甘い愛) = 달콤한 사랑
あいがそだつ(愛が育つ) = 사랑이 자라다

あいをちかう(愛を誓う) = 사랑을 맹세하다

あいがみのる(愛が実る) = 사랑이 결실을 맺다

あいのすをいとなむ(愛の巣を営む) = 사랑의 보금자리를 만들다

あいのみょうやく(愛の妙薬) = 사랑의 묘약

こまやかなふうふあい(細やかな夫婦愛) = 아기자기한 부부애

こどもはあいのけっしょう(子供は愛の結品) = 아이는 사랑의 결정

こどもにそそぐおやのあい(子供に注ぐ親の愛)
= 아이에게 쏟는 부모의 사랑

❷ こい(恋) 연애

こいをしる(恋を知る) = 사랑을 알다

こいをしかける(恋を仕掛ける) = 연애를 걸다

こいにおちる(恋に落ちる) = 사랑에 빠지다

こいをささやく(恋を囁く) = 사랑을 속삭이다

こいにみをやく(恋に身を焼く) = 사랑에 애를 태우다

こいのとりこになる(恋の虜になる) = 사랑의 포로가 되다

こいのやみじにまよう(恋の闇路に迷う) = 사랑의 미로를 헤매다

いのちをかけたこい(命を賭けた恋) = 목숨을 건 사랑

こいのひあそび(恋の火遊び) = 사랑의 불장난

こいになやむ(恋に悩む) = 사랑 때문에 고민하다

こいにやぶれる(恋に破れる) = 실연하다

こいはういもの(恋は憂いもの) = 사랑은 괴로운 것

せつないこい(切ない恋) = 애달픈 사랑

うたかたのこい(泡沫の恋) = 덧없는 사랑

みちならぬこい(道ならぬ恋) = 불륜의 사랑

かなわぬこい(叶わぬ恋) = 이룰 수 없는 사랑

≪합성어≫

こいうた(恋歌) = 연가

こいがたき(恋敵) = 연적

こいごころ(恋心) = 연정

こいこがれる(恋い焦がれる) = 애타게 그리다

こいしたう(恋い慕う) = 연모하다

こいなか(恋仲) = 사랑하는 사이

こいにょうぼう(恋女房) = 사랑하는 아내

こいびと(恋人) = 연인

こいぶみ(恋文) = 연애편지

こいわずらい(恋煩い) = 상사병

❸ はらむ(孕む) 잉태하다

≪새끼를 배다≫

こうしをはらんだめうし(仔牛を孕んだ雌牛) = 송아지를 밴 암소
ねこがこをはらむ(猫が子を孕む) = 고양이가 새끼를 배다
はらんでいるいぬ(孕んでいる犬) = 새끼 밴 개

≪알배다≫

いねがほをはらむ(稲が穂を孕む) = 벼가 이삭이 패다
あきかぜにはらむすすき(秋風に孕む薄)
= 가을바람에 이삭을 배는 억새

≪내포하다 ; 품다≫

むじゅんをはらむ(矛盾を孕む) = 모순을 내포하다
かのうせいをはらむ(可能性を孕む) = 가능성을 품다
ききをはらんでいる(危機を孕んでいる) = 위기를 품고 있다
あらしをはらんだじょうせい(嵐を孕んだ情勢)
= 폭풍을 안고 있는 정세
ほがかぜをはらむ(帆が風を孕む) = 돛이 바람을 잔뜩 받다

❹ みごもる(身籠もる) 임신하다 ; 아이를 배다

つまがこどもをみごもる(妻が子供を身籠もる)
= 아내가 아이를 임신하다
けっこんしてほどなくみごもる(結婚して程なく身籠もる)
= 결혼하고 곧 임신하다
にねんごにふたりめをみごもる(二年後に二人目を身籠もる)
= 2년 후에 둘째를 임신하다

❺ いのち(命) 목숨

≪생명≫

あまのいのち(天の命) = 하늘이 내려준 목숨
いのちがある(命がある) = 목숨이 붙어있다
ひとのいのちをたすける(人の命を助ける) = 남의 목숨을 살리다
いのちをたいせつにする(命を大切にする) = 목숨을 소중히 하다
いのちにはかえられない(命には替えられない)
= 목숨과는 바꿀 수 없다
いのちがおしい(命が惜しい) = 목숨이 아깝다
いのちがあぶない(命が危ない) = 목숨이 위태롭다

いのちをうばう(命を奪う) = 목숨을 빼앗다

いのちをなげだす(命を投げ出す) = 목숨을 내던지다

つねならぬいのち(常ならぬ命) = 덧없는 목숨

いのちをたつ(命を絶つ) = 목숨을 끊다

いのちをうしなう(命を失う) = 목숨을 잃다

いのちをぼうにふる(命を棒に振る) = 개죽음하다

≪수명≫

ながからぬいのち(長からぬ命) = 길지 않은 수명

いのちがちぢむ(命が縮む) = 수명이 줄어들다

いのちがのびる(命が延びる) = 수명이 연장되다

いのちがつきる(命が尽きる) = 수명이 다하다

みじかいいのちをおえる(短い命を終える) = 짧은 생애를 마치다

≪가장 귀한 것≫

ぎじゅつがいのちだ(技術が命だ) = 기술이 생명이다

いのちとたのむ(命と頼む) = 생명같이 의지하다

きみはわがいのち(君は我が命) = 그대는 나의 생명

しょうにんはしんようがいのちだ(商人は信用が命だ)
= 상인은 신용이 생명이다

≪관용구≫

いのちあってのものだね(命有っての物種) = 우선 살고 봐야 한다
いのちからにばんめ(命から二番目) = 목숨 다음으로 중요한 것
いのちながければはじおおし(命長ければ恥多し)
= 오래 살면 욕된 일도 많다
いのちをかける(命を懸ける) = 목숨을 걸다
いのちをささげる(命を捧げる) = 목숨을 바치다
いのちをつなぐ(命を繋ぐ) = 목숨을 보전하다
いのちをひろう(命を拾う) = 목숨을 건지다
いのちのおや(命の親) = 생명의 은인
いのちのぎわ(命の際) = 죽음 직전 ; 임종
いのちのせんたく(命の洗濯) = 기분 전환

 *kotoba*

みょうやく(妙薬) = 묘약
ふうふ(夫婦) = 부부
けっしょう(結晶) = 결정
とりこ(虜) = 포로
やみじ(闇路) = 미로
うたかた(泡沫) = 물거품
にょうぼう(女房) = 아내
わずらい(煩い) = 근심
めうし(雌牛) = 암소
いね(稲) = 벼
ほ(穂) = 이삭
すすき(薄) = 억새

めばえる(芽生える) = 싹트다
そだつ(育つ) = 자라다

むじゅん(矛盾) = 모순
かのうせい(可能性) = 가능성
きき(危機) = 위기
あらし(嵐) = 폭풍
じょうせい(情勢) = 정세
ほ(帆) = 돛
あま(天) = 하늘
ぎじゅつ(技術) = 기술
しょうにん(商人) = 상인
しんよう(信用) = 신용
はじ(恥) = 수치
せんたく(洗濯) = 세탁

ちかう(誓う) = 맹세하다
みのる(実る) = 맺다

 **kotoba**

いとなむ(営む) = 경영하다
そそぐ(注ぐ) = 쏟다
しる(知る) = 알다
しかける(仕掛ける) = 걸다
やく(焼く) = 태우다
ささやく(囁く) = 속삭이다
まよう(迷う) = 헤매다
かける(賭ける) = (도박) 걸다
やぶれる(破れる) = 깨지다
うい(憂い) = 괴롭다
せつない(切ない) = 애달프다
かなう(叶う) = 이루어지다
こがれる(焦がれる) = 애태우다
したう(慕う) = 연모하다
みごもる(身籠もる) = 임신하다

たすける(助ける) = 돕다
かえる(替える) = 바꾸다
おしい(惜しい) = 아깝다
あぶない(危ない) = 위태롭다
うばう(奪う) = 빼앗다
なげる(投げる) = 던지다
ちぢむ(縮む) = 줄어들다
のびる(延びる) = 늘어나다
つきる(尽きる) = 다하다
おえる(終える) = 마치다
たのむ(頼む) = 부탁하다
かける(懸ける) = 걸다
さげる(捧げる) = 바치다
つなぐ(繋ぐ) = 잇다
ひろう(拾う) = 줍다

3 몸 ✤ 마음

남녀의 결합으로 세상에서 단 하나밖에 없는 성품을 갖춘 몸이 만들어지기 시작합니다. 새로운 몸이 세포 분열을 거듭하면서 인간의 모습을 갖추면 그때 비로소 거기에 혼이 깃듭니다. 이때부터 생명체라고 할 수 있습니다.

❶ からだ(体) 몸

≪신체≫

からだつき(体付き) = 몸매

よわいからだ(弱い体) = 약한 몸

からだがおおきい(体が大きい) = 몸뚱이가 크다

からだにあわないふく(体に合わない服) = 몸에 맞지 않는 옷

≪육체≫

からだでおぼえる(体で覚える) = 몸으로 익히다

ふつうのからだでない(普通の体でない) = 예사 몸이 아니다(임신)

からだがいくつあってもたりない(体が幾つあっても足りない)
= 몸이 몇이 있어도 모자라다

からだをゆるす(体を許す) = 몸을 허락하다

からだでしょうめいする(体で証明する) = 몸으로 증명하다

≪몸의 상태≫

からだにさわる(体に障る) = 몸에 해롭다

からだがつづかない(体が続かない) = 몸을 지탱할 수 없다

≪관용구≫

からだをおしむ(体を惜しむ) = 몸을 아끼다

からだをこにする(体を粉にする) = 분골쇄신하다

からだをこわす(体を壊す) = 건강을 해치다

からだをはる(体を張る) = 몸을 내던져 행동하다

❷ み(身) 몸

≪신체≫

きけんからみをまもる(危険から身を守る) = 위험에서 몸을 지키다

れいきがみにしみる(冷気が身に染みる) = 찬 기운이 몸에 스미다

みをきよめる(身を清める) = 몸을 깨끗이 하다

みをまかせる(身を任せる) = 몸을 맡기다

みにつける(身に着ける) = 몸에 걸치다

≪자기≫

みにおぼえのないつみ(身に覚えのない罪) = 자신도 모르는 죄

がまんしたほうがみのためだ(我慢した方が身のためだ)
= 참는 편이 자신에 이롭다

みでみをくう(身で身を食う) = 제 자신의 파멸을 가져오다

みをすてる(身を捨てる) = 제 몸을 희생하다

≪신세≫

みのふうん(身の不運) = 일신의 불운
ろうにんのみになる(浪人の身になる) = 실업자 신세가 되다

≪물고기나 짐승의 살≫

さかなのみ(魚の身) = 생선의 살
あかみ(赤身) = 고기의 붉은 살
あぶらみ(脂身) = 비곗살

≪분수≫

みのほどをしれ(身のほどを知れ) = 분수를 알아라
みをおとす(身を落とす) = 영락하다

≪입장 ; 처지≫

さいしのあるみ(妻子のある身) = 처자가 있는 몸
あいてのみになってかんがえる(相手の身になって考える)
= 상대의 처지가 되어 생각하다

≪마음 ; 정성≫

みにいったしごと(身に入った仕事) = 정성을 들인 일
みがいらないしごと(身が入らない仕事) = 건성으로 하는 일
みをつくす(身を尽くす) = 정성을 바치다

≪합성어≫

みうち(身内) = 온 몸
みおも(身重) = 임신
みごもる(身籠もる) = 임신하다
みがら(身柄) = 신병 ; 당사자
みがる(身軽) = 경쾌함
みがわり(身代り) = 대역
みじたく(身支度) = 치장
みしらず(身知らず) = 분수를 모름
みすぎ(身過ぎ) = 생업
みそら(身空) = 신세
みぢか(身近) = 신변
みなり(身形) = 옷차림
みのしろ(身の代) = 재산 ; 몸값
みのたけ(身の丈) = 신장

みのほど(身の程) = 분수

みびいき(身贔屓) = 가까운 사람 편들어 줌

みぶり(身振り) = 몸짓

みぶん(身分) = 신분

みもだえ(身悶え) = 몸부림

みもち(身持ち) = 몸가짐 ; 품행

みもと(身元) = 신원

≪관용구≫

みがもてない(身が持てない) = 몸가짐을 바르게 지킬 수 없다

みにおぼえがない(身に覚えがない) = 자기가 한 적이 없다

みにあまる(身に余る) = 분에 넘치다

みにつく(身に付く) = 몸에 배다

みふたつになる(身二つになる) = 해산하다

みをいれる(身を入れる) = 정성을 쏟다

みをかためる(身を固める) = 채비를 단단히 하다

みをきる(身を切る) = 살을 에다

みをくだく(身を砕く) = 몸을 돌보지 않다

みをすてる(身を捨てる) = 그 일에 몰두하다

みをとうじる(身を投じる) = 투신하다

みをもちくずす(身を持ち崩す) = 신세를 망치다

みをよせる(身を寄せる) = 몸을 의지하다

❸ たましい(魂) 혼 ; 넋

≪영혼≫

ししゃのたましい(死者の魂) = 죽은 사람의 혼
てんじょうするたましい(天上する魂) = 하늘로 올라가는 혼
みんぞくのたましい(民族の魂) = 민족의 얼
たましいをぬけたひと(魂を抜けた人) = 넋이 나간 사람

≪기백 ; 정신≫

ぶしのたましい(武士の魂) = 무사의 혼
たましいをこめる(魂を込める) = 정신을 들이다
たましいをうばわれる(魂を奪われる) = 정신을 빼앗기다
たましいのすわったひと(魂の座った人) = 침착한 사람 ; 대담한 사람
たましいがはいっているさくひん(魂が入っている作品)
= 혼이 들어가 있는 작품

≪정신 자세≫

まけじだましい(負けじ魂) = 지지 않으려는 정신
はげしいぶんがくたましい(激しい文学魂) = 투철한 문학 정신

≪관용구≫

たましいをひやす(魂を冷やす) = 혼이 나갈 정도로 놀라다
たましいをいれかえる(魂を入れ替える)
= 마음을 바로 잡다 ; 개심하다
たましいてんがいをとぶ(魂天外を飛ぶ)
= 혼이 하늘을 날다(홀딱 빠지다)
ほとけつくってたましいいれず(仏作って魂入れず)
= 부처를 만들고 혼을 넣지 않다

 *kotoba*

ふつう(普通) = 보통
しょうめい(証明) = 증명
きけん(危険) = 위험
れいき(冷気) = 냉기
ふうん(不運) = 불운
がまん(我慢) = 참음

ろうにん(浪人) = 낭인
さいし(妻子) = 처자
たましい(魂) = 혼
みんぞく(民族) = 민족
さくひん(作品) = 작품
ぶんがく(文学) = 문학

つく(付く) = 붙다
おぼえる(覚える) = 기억하다
ゆるす(許す) = 허락하다
さわる(障る) = 해롭다
つづく(続く) = 계속되다
おしむ(惜しむ) = 아끼다
はる(張る) = 펴다
しみる(染みる) = 스미다
きよめる(清める) = 깨끗이 하다

まかせる(任せる) = 맡기다
つける(着ける) = 걸치다
あまる(余る) = 남다
かためる(固める) = 굳히다
くだく(砕く) = 부수다
くずす(崩す) = 무너뜨리다
よせる(寄せる) = 의지하다
ぬける(抜ける) = 빠지다
すわる(座る) = 앉다

4

뼈 ✣ 살

회심곡에는 사람의 탄생에 대해 다음과 같이 말하고 있습니다. "아버지의 뼈를 빌고, 어머님의 살을 빌어 태어납니다." 뼈와 살이 곧 인간의 몸이라는 뜻일 것입니다. 일본어에 ほねみ(骨身)라는 말이 있습니다. 직역하면 '뼈와 살'이 되지만, 일본인들은 '인간의 육체'라는 뜻으로 사용하고 있습니다.

❶ ほね(骨) [훈독] 뼈

≪뼈 ; 가시≫

かたのほね(肩の骨) = 어깨 뼈

こしのほね(腰の骨) = 허리 뼈

ほねがもろい(骨が脆い) = 뼈가 약하다

ほねをくじく(骨を挫く) = 뼈를 삐다

ほねにしみるさむさ(骨に染みる寒さ) = 뼛속까지 스미는 추위

こきょうにほねをうめる(故郷に骨を埋める) = 고향에 뼈를 묻다

さかなのほね(魚の骨) = 생선 가시

めだかをほねごとたべる(目高を骨共食べる) = 송사리를 가시째 먹다

≪기물의 뼈대≫

かさのほね(傘の骨) = 우산 살

おうぎのほね(扇の骨) = 부챗살

しょうじのほね(障子の骨) = 장지문살

いえがやけてほねだけのこった(家が焼けて骨だけ残った)
= 집이 타고 뼈대만 남았다

≪중심 ; 핵심≫

ろんぶんのほねになるぶぶん(論文の骨になる部分)
= 논문의 핵심이 되는 부분
じぎょうのほねになるひと(事業の骨になる人)
= 사업의 중심이 되는 사람

≪기골≫

ほねのあるひと(骨のある人) = 기골이 있는 사람
ほねっぽいおとこ(骨っぽい男) = 기골이 있는 사내
どしょうぼねがすわる(土性骨が据わる) = 근성이 있다

≪노력 ; 수고≫

このしごとはなかなかほねだ(この仕事はななかなか骨だ)
= 이 일은 꽤 힘이 든다
ほねなやくめ(骨な役目) = 성가신 역할
あるくのがほねだ(歩くのが骨だ) = 걷기가 힘들다

≪합성어≫

ほねおる(骨折る) = 애쓰다
ほねぐみ(骨組み) = 뼈의 구조 ; 골격
ほねちがい(骨違い) = 탈구
ほねつぎ(骨接ぎ) = 접골
ほねっぷし(骨っ節) = 관절 ; 뼈마디
ほねなし(骨無し) = 뼈가 없음 ; 줏대가 없음
ほねぬき(骨抜き) = 뼈를 발라 냄 ; 가치가 없어지게 함
ほねばる(骨張る) = 뼈가 드러나다
ほねぶと(骨太) = 뼈대가 굵음
ほねぼそ(骨細) = 뼈대가 가늚
ほねみ(骨身) = 뼈와 살 ; 전신
ほねやすめ(骨休め) = 휴식

≪관용구≫

ほねがおれる(骨が折れる) = 힘이 들다
ほねがしゃりになっても(骨が舎利になっても) = 어떤 고생을 하더라도
ほねとかわ(骨と皮) = 몹시 여윔
ほねにきざむ(骨に刻む) = 마음 깊이 새기다
ほねにてっする(骨に徹する) = 뼈에 사무치다

ほねになる(骨になる) = 죽다

ほねのずいまで(骨の髄まで) = 철저하게

ほねまでしゃぶる(骨までしゃぶる) = 철저히 이용해먹다

ほねをおしむ(骨を惜しむ) = 게으름피우다

ほねをひろう(骨を拾う) = 죽은 후에 뒤처리하다

❷ こつ(骨) [음독] 뼈

≪뼈≫

こっかくがたくましい(骨格が逞しい) = 골격이 건장하다

うらみこつずいにてっする(恨み骨髄に徹する)
= 원한이 골수에 사무치다

がいこつのようにやせる(骸骨のように痩せる) = 해골과 같이 야위다

ろっこつがおれる(肋骨が折れる) = 갈비뼈가 부러지다

≪몸≫

びょうこつなひと(病骨な人) = 매우 병약한 사람

ひぼんなふうこつ(非凡な風骨) = 남다른 풍채와 골격

ろうこつにむちうつ(老骨に鞭打つ)
= 늙은 몸에 채찍질하다(분발하다)

≪인품≫

きこつのあるきしょう(気骨のある気象) = 기골이 있는 기상
はんこつのし(反骨の士) = 반골 기질이 있는 사람
ぶこつなあいさつ(無骨な挨拶) = 무뚝뚝한 인사

≪골자≫

ろんぶんのこっし(論文の骨子) = 논문의 골자

≪요령≫

こつがわかる(骨が分かる) = 요령을 알다
しょうばいのこつ(商売の骨) = 장사의 요령
こつをのみこむ(骨を呑み込む) = 요령을 터득하다
こつをおさめる(骨を納める) = 화장 후에 유골을 수습하다

❸ にく(肉) 살

≪근육≫

にくがつく(肉が付く) = 살이 오르다
にくがおちる(肉が落ちる) = 살이 내리다
にくをきる(肉を切る) = 살을 베다
にくがひきしまる(肉が引き締まる) = 살이 단단하다
ちとなりにくとなる(血と為り肉と為る) = 피가 되고 살이 되다
にくをきらせてほねをたつ(肉を切らせて骨を絶つ)
= 살을 베게 하고 상대의 뼈를 자르다

≪고기≫

ぶたのにく(豚の肉) = 돼지고기
にくをやく(肉を焼く) = 고기를 굽다
にくをくう(肉を食う) = 고기를 먹다

≪과육≫

なしのにく(梨の肉) = 배의 살
やわらかいもものにく(柔らかい桃の肉) = 부드러운 복숭아 살

≪굵기 ; 두께≫

にくのふといじ(肉の太い字) = 획이 굵은 글씨
かみのにく(紙の肉) = 종이의 두께
にくのあついは(肉の厚い葉) = 두꺼운 잎
にくのうすいいた(肉の薄い板) = 얇은 나무판자

≪큰 줄거리를 보완함≫

げんあんににくをつける(原案に肉を付ける) = 원안에 살을 붙이다
こうそうににくをつける(構想に肉を付ける) = 구상에 살을 붙이다

 *kotoba*

めだか(目高) = 송사리

おうぎ(扇) = 부채

しょうじ(障子) = 장지문

やくめ(役目) = 역할

しゃり(舎利) = 사리

うらみ(恨み) = 원한

こつずい(骨髄) = 골수

がいこつ(骸骨) = 해골

ろっこつ(肋骨) = 갈비뼈

きしょう(気象) = 기상

あいさつ(挨拶) = 인사

こっし(骨子) = 골자

げんあん(原案) = 원안

こうそう(構想) = 구상

もろい(脆い) = 무르다

しみる(染みる) = 스미다

うめる(埋める) = 묻다

やける(焼ける) = 타다

すわる(据わる) = 자리 잡다

おる(折る) = 접다

きざむ(刻む) = 새기다

てっする(徹する) = 사무치다

おしむ(惜しむ) = 아끼다

やせる(痩せる) = 야위다

のみこむ(呑み込む) = 삼키다

おさめる(納める) = 수습하다

しまる(締まる) = 조이다

たつ(絶つ) = 자르다

5

머리 ✤ 얼굴

사람 몸에는 각기 다른 역할을 하는 여러 기관이 있습니다. 모두 중요합니다. 그러나 그 중에서 사람이 가장 중요하게 여기는 부위는 아마도 머리와 얼굴일 것입니다. 머릿속에는 뇌가 있고, 얼굴에는 다른 사람과 구별할 수 있는 특징이 가장 세밀하게 나타나 있기 때문이겠지요.

❶ あたま(頭) 머리

≪머리≫

あたまをあげる(頭を上げる) = 머리를 쳐들다
あたまをかく(頭を掻く) = 머리를 긁적이다
あたまをなでる(頭を撫でる) = 머리를 쓰다듬다
あたまをよこにふる(頭を横に振る)
= 머리를 옆으로 흔들다(고개를 가로 젓다)
あたまがおもい(頭が重い) = 머리가 무겁다

≪머리카락≫

あたまをかる(頭を刈る) = 머리를 깎다
あたまをわける(頭を分ける) = 가르마를 타다
あたまがしろくなる(頭が白くなる) = 머리가 세다

≪두뇌≫

あたまがいい(頭が良い) = 머리가 좋다
あたまをつかう(頭を使う) = 머리를 쓰다
あたまのかいてんがはやい(頭の回転が速い) = 머리 회전이 빠르다

あたまがにぶいひと(頭が鈍い人) = 머리가 둔한 사람

あたまがたりない(頭が足りない) = 머리가 모자라다

あたまがきれる(頭が切れる) = 머리가 영민하다

≪머릿속≫

あたまをなやます(頭を悩ます) = 골치를 썩이다

あたまにひらめく(頭に閃く) = 머릿속에 (번개처럼) 스치다

あたまにうかぶ(頭に浮ぶ) = 머리에 떠오르다

あたまにかく(頭に描く) = 머릿속에 그리다

あたまにおく(頭に置く) = 염두에 두다

あたまがすこしへんだ(頭が少し変だ) = 머리가 좀 이상하다(돌았다)

≪우두머리≫

あたまにすえる(頭に据える) = 우두머리로 앉히다

おおぜいのあたまになる(大勢の頭になる)
= 여러 사람의 우두머리가 되다

≪꼭대기≫

くぎのあたま(釘の頭) = 못대가리
やまがくもからあたまをだす(山が雲から頭を出す)
= 산이 구름 사이로 머리를 드러내다

≪처음 ; 선두≫

あたまからごばんめ(頭から五番目) = 처음부터 다섯 번째
あたまにでる(頭に出る) = 선두로 나서다
あたまからまちがっている(頭から間違っている) = 처음부터 틀렸다

≪합성어≫

あたまかず(頭数) = 인원수
あたまかぶ(頭株) = 두목 ; 간부
あたまきん(頭金) = 계약금
あたまごなし(頭ごなし) = 무조건
あたまわり(頭割り) = 머릿수대로 나눔

≪관용구≫

あたまがあがらない(頭が上がらない) = 머리를 들 수 없다
あたまがいたい(頭が痛い) = 골치가 아프다
あたまがさがる(頭が下がる) = 머리가 수그러지다
あたまがたかい(頭が高い) = 건방지다 ; 거만하다
あたまがひくい(頭が低い) = 겸손하다 ; 고분고분하다
あたまのくろいねずみ(頭の黒い鼠) = 머리 검은 쥐(사람 쥐)
あたまをおさえる(頭を押さえる) = 휘어잡다
あたまをかかえる(頭を抱える) = 머리를 감싸다
あたまをさげる(頭を下げる) = 머리를 숙이다 ; 인사하다
あたまをまるめる(頭を丸める) = 머리를 깎다(승려가 되다)

❷ かお(顔) 얼굴

≪낯≫

かおをあらう(顔を洗う) = 낯을 씻다
かおをあわせる(顔を合わせる) = 얼굴을 맞대다

≪표정≫

ひとまちがお(人待ち顔) = 누구를 기다리는 얼굴
しつぼうしたかお(失望した顔) = 실망한 얼굴
いやなかおをする(嫌な顔をする) = 불쾌한 얼굴을 하다
へんなかおをする(変な顔をする) = 묘한 얼굴을 하다

≪용모≫

きれいなかお(綺麗な顔) = 예쁜 얼굴
あたらしいかお(新しい顔) = 새로운 얼굴

≪체면≫

かおがたつ(顔が立つ) = 체면이 서다
かおをたてる(顔を立てる) = 체면을 세우다
あわすかおがない(合わす顔がない) = 대할 낯이 없다

≪합성어≫

かおあわせ(顔合わせ) = 첫 대면
かおいろ(顔色) = 안색

かおかたち(顔形) = 생김새

かおだし(顔出し) = 잠깐 얼굴을 내밈

かおなじみ(顔馴染み) = 낯익은 사이

かおぶれ(顔触れ) = 면면

かおまけ(顔負け) = 무색해짐

かおよごし(顔汚し) = 체면손상

≪관용구≫

かおがうれる(顔が売れる) = 얼굴이 팔리다(유명해지다)

かおがきく(顔が効く) = 얼굴이 통하다

かおがそろう(顔が揃う) = 모일 사람 다 모이다

かおがひろい(顔が広い) = 잘 알려지다

かおからひがでる(顔から火が出る) = 얼굴이 화끈거리다

かおにかかわる(顔に係わる) = 체면에 관계되다

かおにどろをぬる(顔に泥を塗る) = 얼굴에 똥칠하다

かおにもみじをちらす(顔に紅葉を散らす) = 얼굴이 홍당무가 되다

かおをうる(顔を売る) = 얼굴이 팔리다(널리 알려지게 하다)

かおをだす(顔を出す) = 얼굴을 내밀다

かおをつぶす(顔を潰す) = 체면을 손상하다

かおをなおす(顔を直す) = 화장을 고치다

❸ つら(面) = 낯짝 ; 상판(얼굴의 속된 말. 멸시하는 뜻으로 쓰임)

ばかづら(馬鹿面) = 얼빠진 낯짝
しかめっつら(顰めっ面) = 찌푸린 낯짝
なんだそのつらは(何だその面は) = 뭐야, 그 낯짝은
どのつらをさげてきた(どの面を下げて来た) = 무슨 낯짝으로 왔나
あいつのつらはみたくない(彼奴の面は見たくない)
　= 그 녀석의 낯짝은 보고 싶지 않다
つらをはりとばす(面を張り飛ばす) = 낯짝을 후려갈기다
しぶつつらをつくる(渋つ面を作る) = 우거지상을 하다

≪합성어≫

つらだましい(面魂) = 다부진 표정
つらつき(面付き) = 상판대기
つらにくい(面憎い) = 밉살스럽다
つらのかわ(面の皮) = 낯가죽
つらよごし(面汚し) = 수치 ; 창피

 *kotoba*

ねずみ(鼠) = 쥐
しつぼう(失望) = 실망
きれい(綺麗) = 예쁨

どろ(泥) = 진흙
もみじ(紅葉) = 단풍
あいつ(彼奴) = 그 녀석

かく(掻く) = 긁다
なでる(撫でる) = 쓰다듬다
ふる(振る) = 흔들다
かる(刈る) = 베다
わける(分ける) = 나누다
にぶい(鈍い) = 둔하다
たりる(足りる) = 충분하다
きれる(切れる) = 예리하다
なやます(悩ます) = 괴롭히다
ひらめく(閃く) = 번득이다
すえる(据える) = 앉히다
まちがう(間違う) = 틀리다

かかえる(抱える) = 감싸다
まるめる(丸める) = 삭발하다
たてる(立てる) = 세우다
うれる(売れる) = 팔리다
きく(効く) = (약) 듣다
そろう(揃う) = 모이다
かかわる(係わる) = 관계되다
ぬる(塗る) = 칠하다
ちらす(散らす) = 흩다
つぶす(潰す) = 부수다
しかめる(顰める) = 찌푸리다
とばす(飛ばす) = 날리다

6

모발 ❋ 수염

머리에는 머리털이 나고, 정수리에 가마가 있습니다. 가마의 형태에 따라 머리카락의 방향이 달라집니다. 중년이 되면 머리털이 빠지는 대머리도 있습니다. 옛 무사들은 독특한 머리 모양을 하고 상투를 틀었지요. 남자의 얼굴에는 수염이 납니다.

❶ かみ(髮) 머리털

しろいかみ(白い髮) = 흰머리
ふりみだしたかみ(振り乱した髮) = 흩뜨린 머리
かみがこわれる(髮が壊れる) = 머리 모양이 망그러지다

かみをとかす(髪を梳かす) = 머리를 빗다

かみをゆう(髪を結う) = 머리를 손질하다

かみをのばす(髪を伸ばす) = 머리를 기르다

かみをかる(髪を刈る) = 머리를 깎다

かみをあらう(髪を洗う) = 머리를 감다

かみをたばねる(髪を束ねる) = 머리를 묶다

かみをあむ(髪を編む) = 머리를 땋다

かみがうすい(髪が薄い) = 머리숱이 적다

かみをくろくそめる(髪を黒く染める) = 머리를 검게 물들이다

かみをわける(髪を分ける) = 가르마를 타다

かみをおろす(髪を下ろす) = 삭발하고 출가하다

≪합성어≫

かみあげ(髪上げ) = 머리 얹기

かみあぶら(髪油) = 머릿기름

かみかざり(髪飾り) = 머리치장

かみかたち(髪形) = 머리모양

かみのけ(髪の毛) = 머리카락

つくもがみ(九十九髪) = 노파의 백발

❷ つむじ(旋毛) (머리) 가마

あたまのてっぺんにつむじがある(頭の天辺に旋毛がある)
= 머리 꼭대기에 가마가 있다
つむじがまがる(旋毛が曲がる) = 성질이 삐뚤어지다
つむじまがりなやつ(旋毛曲がりな奴) = 성질이 괴팍한 놈
つむじをまげる(旋毛を曲げる) = 일부러 심술궂게 나오다
つむじかぜ(旋毛風) = 회오리바람

❸ はげ(禿げ) = 머리털이 빠짐 → はげあたま(禿頭) 대머리

≪머리털이 빠짐≫

あたまにはげがある(頭に禿げがある) = 머리에 털 빠진 자리가 있다
はげちょろのあたま(禿げちょろの頭) = 군데군데 벗겨진 머리
かれはだいぶはげあがった(彼は大分禿げ上がった)
= 그는 제법 머리가 벗겨졌다

≪대머리≫

あかはげ(赤禿) = 완전 대머리

はげをかくす(禿げを隠す) = 대머리를 감추다

かれはわかはげだ(彼は若禿げだ) = 그는 젊은데도 대머리다

≪민둥민둥 함≫

はげやま(禿げ山) = 민둥산

はげかかったやま(禿げ掛かった山) = 헐벗어 가고 있는 산

❹ さかやき(月代) 에도 시대 무사가 이마에서 머리 한가운데에 걸쳐 머리털을 반달모양으로 완전히 밀었던 일, 또는 그 부분

さかやきあたま(月代頭) = 가운데를 밀어올린 머리

さかやきをそってかみをゆう(月代を剃って髪を結う)
= 머리 한가운데를 밀고 머리칼을 묶다

❺ ちょんまげ(丁髷) = 상투 ; 일본식 상투,
　　　　　　　　지금은 스모 선수들이 하고 있음

ちょんまげすがた(丁髷姿) = 상투머리 모습

ちょんまげをゆう(丁髷を結う) = 상투를 틀다

❻ さんぱつ(散髪) 이발 ; 흐트러짐

さんぱつや(散髪屋) = 이발소
さんぱつにいく(散髪に行く) = 이발하러 가다
にかげつごとにさんぱつする(二月ごとに散髪する)
= 두 달마다 이발하다
さんぱつのままがいしゅつする(散髪のまま外出する)
= 머리를 흩뜨린 채 외출하다

❼ ひげ(髭) 수염

ながいひげ(長い髭) = 긴 수염
こいひげ(濃い髭) = 짙은 수염
うすいひげ(薄い髭) = 성긴 수염
はちのじひげ(八の字髭) = 팔자 수염
やぎひげ(山羊鬚) = 염소 수염
ねこのひげ(猫の髭) = 고양이의 수염
ひげがはえる(髭が生える) = 수염이 나다
ひげをはやす(髭を生やす) = 수염을 기르다
ひげがのびる(髭が伸びる) = 수염이 자라다
ひげをなでる(髭を撫でる) = 수염을 쓰다듬다

ひげをひねる(髭を捻る) = 수염을 꼬다

ひげをそる(髭を剃る) = 수염을 깎다

 kotoba

てっぺん(天辺) = 꼭대기　　　つむじ(旋毛) = (머리) 가마
ちょんまげ(丁髷) = 상투　　　さんぱつ(散髪) = 이발

みだす(乱す) = 어지럽히다　　こわれる(壊れる) = 망그러지다
ゆう(結う) = 손질하다　　　　かる(刈る) = (머리) 깎다
のばす(伸ばす) = 펴다　　　　たばねる(束ねる) = 묶다
あむ(編む) = 엮다　　　　　　そめる(染める) = 물들이다
かざる(飾る) = 꾸미다　　　　かくす(隠す) = 감추다
はえる(生える) = 나다　　　　ひねる(捻る) = 꼬다

7

얼굴의 명칭 ✤ 특징

얼굴의 맨 위쪽에는 이마가 자리합니다. 이마 밑에 눈썹이 있습니다. 코 주변에 볼이 있습니다. 얼굴의 맨 밑에는 턱이 있습니다. 나이가 들면서 주름이 늘어납니다. 얼굴에 보조개, 점, 주근깨, 여드름 등이 있는 사람도 있습니다.

❶ ひたい(額) 이마

せまいひたい(狭い額) = 좁은 이마
ひろいひたい(広い額) = 넓은 이마
はりだしたひたい(張出した額) = 불거져 나온 이마

ひたいがぬけあがる(額が抜け上がる) = 이마가 벗어지다

ひたいにてをやる(額に手を遣る) = 이마에 손을 얹다

ひたいのあせをふく(額の汗を拭く) = 이마의 땀을 씻다

ひたいにはちのじをよせる(額に八の字を寄せる)
= 이마에 여덟팔자를 그리다

ひたいにあおすじをたてる(額に青筋を立てる)
= 이마에 핏대를 올리다

ひたいにたまのあせがふきでる(額に玉の汗が噴き出る)
= 이마에 구슬땀이 솟다

ひたいをあつめる(額を集める) = (이마를 맞대고) 의논하다

❷ まゆ(眉) 눈썹

ふといまゆ(太い眉) = 굵은 눈썹

みかづきまゆ(三日月眉) = 초승달 모양의 눈썹

まゆをひく(眉を引く) = 눈썹을 그리다

まゆをおとす(眉を落とす) = 눈썹을 밀다

まゆをさかだてる(眉を逆立てる) = 눈썹을 곤두세우다

まゆをしかめる(眉を顰める) = 눈살을 찌푸리다

まゆのあいだをちぢめる(眉の間を縮める) = 양미간을 찌푸리다

≪관용구≫

まゆにせまる(眉に迫る) = 눈앞에 보이다

まゆをひらく(眉を開く) = 눈살을 펴다(안심하다)

まゆにひがつく(眉に火が付く) = 눈썹에 불이 붙다(몹시 다급해지다)

まゆにつばをぬる(眉に唾を塗る)
= 눈썹에 침을 바르다(속지 않도록 조심하다)

まゆもうごかない(眉も動かない)
= 눈썹도 까딱 않다(조금도 놀라지 않다)

まゆをくもらせる(眉を曇らせる) = 걱정스러운 표정을 짓다

❸ ほお(頬) 볼 ; 뺨

ほおをあからめる(頬を赤らめる) = 볼을 붉히다
ほおをうつ(頬を打つ) = 뺨을 치다
りんごのようなほお(林檎のような頬) = 사과 같은 (붉은) 볼
ほおにべにをさす(頬に紅を差す) = 볼에 연지를 찍다

≪관용구≫

ほおがゆるむ(頬が緩む) = 볼이 느슨해지다(빙그레 웃다)

ほおをふくらます(頬を膨らます) = 뿌루퉁해지다

❹ あご(顎) 턱

あごがはずれる(顎が外れる) = 턱이 빠지다
あごをしゃくる(顎をしゃくる) = 턱을 치켜올리다
あごがとがったひと(顎が尖った人) = 턱이 뾰족한 사람

≪관용구≫

あごがおちる(顎が落ちる) = 매우 맛있다
あごをだす(顎を出す) = 매우 지치다
あごでつかう(顎で使う) = (사람을) 턱으로 부리다
あごがひあがる(顎が干上がる) = 입에 풀칠하기 어렵다

❺ しわ(皺) 주름 ; 구김살

しわがよる(皺が寄る) = 구김살이 지다
しわをのばす(皺を伸ばす) = 구김살을 펴다
ひふがしわばむ(皮膚が皺ばむ) = 피부가 주름지다

ひたいにしわをよせる(額に皺を寄せる) = 이마에 주름살을 짓다

❻ えくぼ(笑窪) 보조개

えくぼのあるかお(笑窪のある顔) = 보조개가 있는 얼굴
わらうとえくぼができる(笑うと笑窪が出来る)
= 웃으면 보조개가 생긴다
あばたもえくぼ(痘痕も笑窪)
= (마음에 들면) 얽은 자국도 보조개로 보임

❼ ほくろ(黒子) 점 ; 검정사마귀

めもとにほくろがある(目元に黒子がある) = 눈가에 점이 있다
ほくろをもっているひと(黒子を持っている人) = 점박이
ほくろをとる(黒子を取る) = 점을 빼다

❖ '黒子'를 'くろこ'라고 발음할 때가 있습니다. くろこ(黒子)는 일본의 전통연극인 かぶき(歌舞伎)에서 배우의 시중을 드는 역할을 하는 사람을 말합니다. 그들은 연극이 진행되는 중에도 검은 옷을 입고 배우들의 옷을 갈아입히거나 소품을 장치하기도 합니다. 관객들은 그들을 없는 사람으로 여기며 배우의 연기에 집중합니다.

❽ にきび(面皰) 여드름 / そばかす(雀斑) 주근깨

にきびができる(面皰が出来る) = 여드름이 생기다
にきびをつぶす(面皰を潰す) = 여드름을 짜다

そばかすだらけ(雀斑だらけ) = 주근깨투성이
そばかすびじん(雀斑美人) = 주근깨가 많은 미인

 **kotoba**

あおすじ(青筋) = 핏대

ほお(頬) = 볼

りんご(林檎) = 사과

ふく(拭く) = 닦다

よせる(寄せる) = 밀려오다

ふきでる(噴き出る) = 솟다

あつめる(集める) = 모으다

さかだてる(逆立てる)
= 곤두세우다

ちぢめる(縮める) = 줄이다

あばた(痘痕) = 곰보

めもと(目元) = 눈가

びじん(美人) = 미인

せまる(迫る) = 다가가다

ゆるむ(緩む) = 느슨해지다

ふくらむ(膨らむ) = 부풀다

とがる(尖る) = 뾰족해지다

ひあがる(干上がる) = 말라붙다

よる(寄る) = 접근하다

しわばむ(皺ばむ) = 주름지다

8

눈 ❖ 눈물

눈에는 눈꺼풀이 있고, 눈 주변으로 속눈썹이 있습니다. 눈은 '마음의 창'이라고 하지요? 사람에 따라 눈의 색깔이나 눈빛의 깊이가 다릅니다. 그래서 눈을 통해 그 사람의 감정을 느낄 수 있는 것 같습니다. 눈물 또한 '마음의 창'의 일부분입니다.

❶ め(目) 눈

≪눈 ; 시선 ; 안목≫

めのちいさいひと(目の小さい人) = 눈이 작은 사람

めをとじる(目を閉じる) = 눈을 감다

めをさます(目を醒ます) = 잠을 깨다

めでしらせる(目で知らせる) = 눈짓으로 알리다

めがよわい(目が弱い) = 시력이 약하다

めにうかぶ(目に浮かぶ) = 눈에 떠오르다

めにいる(目に入る) = 눈에 들다

めをはなす(目を離す) = 한눈팔다

めをむける(目を向ける) = 눈을 돌리다

ひとのめをひく(人の目を引く) = 남의 눈을 끌다

うたがいのめでみる(疑いの目で見る) = 의심하는 눈으로 보다

めがたかい(目が高い) = 안목이 높다

れきしをよむめをもつ(歴史を読む目を持つ)
= 역사를 읽는 안목을 갖다

≪눈에 비유되는 것 ; 눈금≫

たいふうのめ(台風の目) = 태풍의 눈

あみのめ(網の目) = 그물의 눈

はかりのめ(秤の目) = 저울의 눈금

かんだんけいのめ(寒暖計の目) = 온도계의 눈금

≪순서≫

さんばんめ(三番目) = 세 번째
じっけんめ(十軒目) = 열 집째

❷ まなこ(眼) 눈

どんぐりまなこ(団栗眼) = 왕방울눈
ねぼけまなこ(寝惚け眼) = 잠에 취한 눈
まなこをこらす(眼を凝らす) = 응시하다
まなこをはる(眼を張る) = 눈을 부릅뜨다
まなこがひろい(眼が広い) = 시야가 넓다

≪한자어≫　がん(眼)

がんきゅう(眼球) = 안구　　けんがん(検眼) = 검안
そうがん(双眼) = 쌍안　　　ちゃくがん(着眼) = 착안
てんがん(点眼) = 점안　　　にくがん(肉眼) = 육안
はくがん(白眼) = 백안　　　ふくがん(複眼) = 복안
へきがん(碧眼) = 벽안　　　がんしき(眼識) = 안식
けいがん(慧眼) = 혜안　　　しんがん(心眼) = 심안

せんりがん(千里眼) = 천리안　　がんもく(眼目) = 안목

しゅがん(主眼) = 주안

❸ ひとみ(瞳) 눈동자

くろいひとみ(黒い瞳) = 까만 눈동자

すずしいひとみ(涼しい瞳) = 시원스러운 눈

つぶらなひとみ(円らな瞳) = 둥글고 예쁜 눈

ひかりかがやくひとみ(光り輝く瞳) = 영채가 도는 눈

きらきらひかるひとみ(きらきら光る瞳) = 반짝반짝 빛나는 눈

ひとみをかがやかす(瞳を輝かす) = 눈을 반짝이다

ひとみをこらす(瞳を凝らす) = 뚫어지게 바라보다

❹ まぶた(瞼) 눈꺼풀 / まつげ(睫) = 속눈썹

ふたえまぶた(二重瞼) = 쌍꺼풀

まぶたがたるむ(瞼が弛む) = 졸음이 오다

まぶたをひらく(瞼を開く) = 눈을 뜨다

こいまつげ(濃い睫) = 짙은 속눈썹

まつげにやどるつゆ(睫に宿る露) = 속눈썹에 맺힌 이슬

❺ なみだ(涙) 눈물

≪눈물≫

なみだがやどる(涙が宿る) = 눈물이 맺히다
なみだがあふれる(涙が溢れる) = 눈물이 넘치다
なみだにぬれる(涙に濡れる) = 눈물에 젖다
なみだをうかべる(涙を浮べる) = 눈물을 글썽거리다
なみだをおさえる(涙を押さえる) = 눈물을 참다

≪동정≫

ちもなみだもないひと(血も涙もない人) = 피도 눈물도 없는 사람
すずめのなみだ(雀の涙) = 참새의 눈물(새발의 피)

≪합성어≫

なみだきん(涙金) = 위자료
なみだごえ(涙声) = 울먹이는 소리

なみだする(涙する) = 울다

なみだながら(涙ながら) = 울면서

なみだもろい(涙脆い) = 눈물을 잘 흘리다

≪관용구≫

なみだにくれる(涙に暮れる) = 울며 지내다

なみだにしずむ(涙に沈む) = 눈물에 잠기다

なみだにむせぶ(涙に咽ぶ) = 목메어 울다

なみだをおぼえる(涙を覚える) = 슬픔을 느끼다

なみだをさそう(涙を誘う) = 눈물을 자아내다

なみだをのむ(涙を呑む) = 눈물을 삼키다

 *kotoba*

たいふう(台風) = 태풍
あみ(網) = 그물
はかり(秤) = 저울

かんだんけい(寒暖計) = 온도계
どんぐり(団栗) = 도토리
つゆ(露) = 이슬

とじる(閉じる) = 감다
さます(醒ます) = 깨다
うかぶ(浮かぶ) = 뜨다
むける(向ける) = 향하다
ぼける(惚ける) = 흐려지다
こらす(凝らす) = 응시하다
かがやく(輝く) = 빛나다
やどる(宿る) = 머물다

たるむ(弛む) = 풀어지다
ぬれる(濡れる) = 젖다
あふれる(溢れる) = 넘치다
おさえる(押さえる) = 누르다
くれる(暮れる) = 지내다
しずむ(沈む) = 잠기다
むせぶ(咽ぶ) = 목메다
さそう(誘う) = 꾀다

9 눈의 기능

　가장 중요한 눈의 기능은 바로 보는 것입니다. 보는 방법도 다양합니다. 그냥 바라다보기도 하고, 지켜보기도 하고, 응시하기도 하고, 노려보기도 합니다. 남몰래 엿보기도 합니다. 또 눈은 어떤 목적을 갖고 보지 않아도 사물이 자연히 보이기도 합니다.

❶ みる(見る) 보다

≪인식하다≫

かおをみる(顔を見る) = 얼굴을 보다

よぞらをみる(夜空を見る) = 밤하늘을 보다

≪구경하다≫

えいがをみる(映画を見る) = 영화를 보다
てんらんかいをみる(展覧会を見る) = 전람회를 보다
みるところがおおい(見る所が多い) = 구경할 곳이 많다

≪읽다≫

ほんをみる(本を見る) = 책을 보다
ざっしをみる(雑誌を見る) = 잡지를 보다

≪살펴보다≫

かおいろをみる(顔色を見る) = 얼굴색을 살피다
ちょうしをみる(調子を見る) = 상태를 살피다
ようすをみる(様子を見る) = 동정을 살피다

≪관찰하다≫

てそうをみる(手相を見る) = 손금을 보다

びょうにんのみゃくをみる(病人の脈を見る) = 병자의 맥을 보다
いしゃがかんじゃをみる(医者が患者を見る)
= 의사가 환자를 진찰하다

≪파악하다≫

あじをみる(味を見る) = 맛을 보다
ゆめをみる(夢を見る) = 꿈을 꾸다

≪겪다≫

いたいめをみる(痛い目を見る) = 따끔한 맛을 보다
ばかをみる(馬鹿を見る) = 헛된 일을 겪다
うきめをみる(憂き目を見る) = 쓰라림을 맛보다

≪다루다≫

じむをみる(事務を見る) = 사무를 보다
せいむをみる(政務を見る) = 정무를 보다
めんどうをみる(面倒を見る) = 뒷바라지하다

≪평가하다≫

あまくみる(甘く見る) = 만만하게 보다
じたいをおもくみる(事態を重く見る) = 사태를 무겁게 보다

≪추정하다 ; 간주하다≫

いつかかかるとみる(五日掛かると見る) = 닷새 걸릴 것으로 보다
しゅにゅうはごまんえんとみる(収入は五万円と見る)
= 수입은 5만엔으로 추정하다
できないものとみる(出来ないものと見る) = 할 수 없는 것으로 보다

≪~ 해 보다≫

なめてみる(嘗めて見る) = 핥아보다
たべてみる(食べて見る) = 먹어 보다
かんがえてみる(考えて見る) = 생각해 보다

≪합성어≫

みあげる(見上げる) = 올려다보다
みあやまる(見誤る) = 착각하다

みおくる(見送る) = 배웅하다

みおとす(見落とす) = 빠뜨리다

みかぎる(見限る) = 단념하다

みかけ(見掛け) = 외관

みため(見た目) = 겉보기 ; 볼품

みきわめる(見極める) = 확인하다

みぐるしい(見苦しい) = 모양 사납다

みごたえ(見応え) = 볼 만한 가치

みごと(見事) = 뛰어남

みこみ(見込み) = 가망 ; 희망

みごろ(見頃) = 보기에 바로 좋은 시기

みさげる(見下げる) = 경멸하다

みしる(見知る) = 면식이 있다

みすえる(見据える) = 응시하다

みすかす(見透かす) = 꿰뚫어보다

みすごす(見過ごす) = 간과하다

みすぼらしい(見窄らしい) = 초라하다

みせかける(見せ掛ける) = 겉을 꾸미다

みせもの(見せ物) = 흥행

みそこなう(見損なう) = 잘못보다

みちがえる(見違える) = 몰라보다

みつもり(見積もり) = 견적

みとがめる(見咎める) = 검문하다

みとどける(見届ける) = 끝까지 지켜보다

みとれる(見惚れる) = 정신없이 보다

みなす(見做す) = 간주하다

みならう(見習う) = 본받다

みなれる(見慣れる) = 낯익다

みぬく(見抜く) = 꿰뚫어보다

みのがす(見逃す) = 놓치다

みはなす(見放す) = 포기하다

みはる(見張る) = 망보다

みまう(見舞う) = 위문하다

みまわる(見回る) = 순찰하다

みるかげもない(見る影もない) = 초라하다

❷ ながめる(眺める) 바라보다

≪멀리 바라보다≫

よぞらをながめる(夜空を眺める) = 밤하늘을 쳐다보다
がんかのけしきをながめる(眼下の景色を眺める)
= 눈 아래 경치를 바라보다

とおくのやまをながめる(遠くの山を眺める) = 먼 산을 바라보다

≪물끄러미 보다≫

ちちのしゃしんをながめる(父の写真を眺める)
= 아버지 사진을 바라보다
にわのはなをながめる(庭の花を眺める) = 정원의 꽃을 물끄러미 보다
ものめずらしそうにながめる(物珍しそうに眺める)
= 신기한 듯이 바라보다

❸ みいる(見入る) 열심히 보다

≪넋을 잃고 보다≫

かのじょのねがおにみいる(彼女の寝顔に見入る)
= 그녀의 잠든 얼굴을 들여다 보다
ほれぼれとみいる(惚れ惚れと見入る) = 넋을 잃고 들여다 보다
あかずみいる(飽かず見入る) = 끈기 있게 들여다 보다

≪주시하다≫

あいてのかおをみいる(相手の顔を見入る)
= 상대방의 얼굴을 주시하다
しんぶんのごうがいをみいる(新聞の号外を見入る)
= 신문의 호외를 주시하다
つくづくみいる(熟見入る) = 뚫어지게 바라보다

❹ みつめる(見詰める) 응시하다

かれのかおをじっとみつめる(彼の顔をじっと見詰める)
= 그의 얼굴을 가만히 바라보다
くいいるようにみつめる(食い入るように見詰める)
= 집어삼킬 듯이 보다
いってんをみつめる(一点を見詰める) = 한 점을 응시하다
げんじつをみつめる(現実を見詰める) = 현실을 직시하다

❺ にらむ(睨む) 쏘아보다

≪노려보다≫

あいてをにらむ(相手を睨む) = 상대를 노려보다

じっとにらむ(じっと睨む) = 꼼짝 않고 노려보다

すごいめでにらむ(凄い目で睨む) = 무서운 눈초리로 노려보다

≪주목하다≫

じょうせいをにらむ(情勢を睨む) = 정세를 주시하다

けいさつににらまれている(警察に睨まれている)
= 경찰에 주목받고 있다

きしがばんめんをにらむ(棋士が盤面を睨んむ)
= (바둑·장기) 기사가 반면을 주시하다

≪짐작하다≫

かれをあやしいとにらむ(彼を怪しいと睨む) = 그를 수상쩍게 보다

はんにんだとにらんでいる(犯人だと睨んでいる)
= 범인이라고 점찍고 있다

このあたりだとにらんだ(この辺りだと睨んだ)

= 이 부근이라고 짐작했다

❻ のぞく(覗く) 엿보다

≪틈・구멍으로 들여다보다≫

あなからのぞく(穴から覗く) = 구멍으로 들여다보다
まどからのぞく(窓から覗く) = 창문으로 들여다보다
ぼうえんきょうをのぞく(望遠鏡を覗く) = 망원경을 들여다보다

≪몸을 내밀어 아래를 내려다보다≫

たにぞこをのぞく(谷底を覗く) = 골짜기 아래를 내려다보다
へいのうえからのぞく(塀の上から覗く) = 담 위에서 내려다보다

≪잠깐 들여다보다≫

ふるほんやをのぞく(古本屋を覗く) = 헌책방에 잠깐 들르다
おとなのせかいをのぞく(大人の世界を覗く)
= 어른들의 세계를 조금 알아보다
えいごはほんののぞいただけ(英語はほんの覗いただけ)

= 영어는 조금 공부한 것 뿐

❼ みえる(見える) 보이다

≪눈에 들어오다≫

うみがみえる(海が見える) = 바다가 보이다
なにひとつみえない(何一つ見えない) = 아무것도 보이지 않다

≪볼 수 있다≫

ねこはよるでもものがみえる(猫は夜でも物が見える)
= 고양이는 밤에도 잘 보인다
めがみえなくなる(目が見えなくなる) = 눈이 보이지 않게 되다

≪~처럼 보이다≫

かれはかねもちにみえる(彼は金持ちに見える) = 그는 부자처럼 보인다
ちゅうがくせいにはみえない(中学生には見えない)
= 중학생으로는 보이지 않는다
くものかたちがパンにみえる(雲の形がパンに見える)

= 구름의 모양이 빵으로 보인다

かいけつしたかにみえる(解決したかに見える) = 해결된 것처럼 보인다

としよりわかくみえる(年より若く見える) = 나이보다 젊어 보인다

 *kotoba*

よぞら(夜空) = 밤하늘
かおいろ(顔色) = 얼굴색
ちょうし(調子) = 상태
ようす(様子) = 동정
てそう(手相) = 손금
うきめ(憂き目) = 쓰라림
めんどう(面倒) = 보살핌
つもり(積もり) = 쌓임
ごうがい(号外) = 호외

じょうせい(情勢) = 정세
ばんめん(盤面) = 반면
はんにん(犯人) = 범인
ぼうえんきょう(望遠鏡) = 망원경
たにぞこ(谷底) = 골짜기
ふるほんや(古本屋) = 헌책방
かねもち(金持ち) = 부자
かいけつ(解決) = 해결

なめる(嘗める) = 핥다
あやまる(誤る) = 실수하다
きわめる(極める) = 극하다
すかす(透かす) = 틈새를 만들다
そこなう(損なう) = 손상하다

とがめる(咎める) = 책망하다
なれる(慣れる) = 익숙하다
めずらしい(珍しい) = 신기하다
あやしい(怪しい) = 수상쩍다
わかい(若い) = 젊다

10 귀의 기능

귀로 듣습니다. 인간의 청각은 매우 예민한 편입니다. 소리만으로 다른 사람의 태도와 성격을 분별하고 파악할 수 있습니다. 그러나 눈처럼 기분이나 감정이 그대로 드러나는 기관은 아닙니다. 그래서 듣는 표현이 다양하지 않습니다.

❶ みみ(耳) 귀

≪귀≫

みみをふさぐ(耳を塞ぐ) = 귀를 막다

みみをほじくる(耳を穿る) = 귀를 후비다

みみをひっぱる(耳を引っ張る) = 귀를 잡아당기다

みみにてをあててきく(耳に手を当てて聞く) = 귀에 손을 대고 듣다

≪들음 ; 청력≫

みみにする(耳にする) = 듣다

みみにはいる(耳に入る) = 귀에 들리다

みみがわるい(耳が悪い) = 귀가 잘 안 들리다

みみがよい(耳が良い) = 귀가 좋다(잘 들리다)

みみがはやい(耳が早い) = 귀가 밝다

みみがするどい(耳が鋭い) = 귀가 예민하다(잘 듣다)

みみにはさむ(耳に挟む) = 얼핏 듣다

みみにとめる(耳に留める) = 귀담아 듣다

かれのこえがみみにのこる(彼の声が耳に残る)
= 그의 소리가 귀에 쟁쟁하다

≪귀 모양의 것≫

なべのみみ(鍋の耳) = 냄비 손잡이

はりにみみ(針の耳) = 바늘 귀

≪종이・직물・빵 등의 가장자리≫

もうふのみみをそろえる(毛布の耳を揃える) = 담요의 귀를 맞추다
しょくぱんのみみ(食パンの耳) = 식빵의 귀

≪합성어≫

みみあか(耳垢) = 귀지
みみかき(耳掻き) = 귀이개
みみあたらしい(耳新しい) = 금시초문이다
みみあて(耳当て) = 귀걸이
みみうち(耳打ち) = 귀엣말
みみがくもん(耳学問) = 얻어들은 지식
みみかざり(耳飾り) = 귀걸이
みみざわり(耳障り) = 귀에 거슬림
みみたぶ(耳朶) = 귓불
みみなり(耳鳴り) = 이명
みみなれる(耳慣れる) = 귀에 익다
みみもと(耳元) = 귓전

≪관용구≫

みみがいたい(耳が痛い) = 귀가 따갑다

みみがとおい(耳が遠い) = 귀가 어둡다

みみからくち(耳から口) = 들은 것을 곧 입으로 옮김

みみがこえている(耳が肥えている) = (음악) 이해력이 높다

みみをうたがう(耳を疑う) = 귀를 의심하다

みみをかたむける(耳を傾ける) = 귀를 기울이다

みみをすます(耳を澄ます) = 신경을 집중해서 듣다

みみをすすぐ(耳を濯ぐ) = 귀를 씻다

みみにあたる(耳に当たる) = 귀에 거슬리다

みみにいれる(耳に入れる) = 귀담아듣다

みみにさからう(耳に逆らう) = 귀에 거슬리다

みみにたこができる(耳に胼胝が出来る) = 귀에 못이 박이다

❷ きく(聞く) 듣다

≪듣다≫

はなしごえをきく(話声を聞く) = 말소리를 듣다

おんがくをきく(音楽を聞く) = 음악을 듣다

こうえんをききにいく(講演を聞きに行く) = 강연을 들으러 가다

よくきくなまえ(良く聞く名前) = 자주 듣는 이름

かぜのたよりにきく(風の便りに聞く) = 풍문으로 듣다

≪알아듣다 ; 듣고 따르다≫

ひとのたのみをきく(人の頼みを聞く) = 남의 부탁을 듣다

おやのいいつけをよくきくこ(親の言い付けを良く聞く子)
= 부모의 말씀을 잘 듣는 아이

つまのいうことをよくきく(妻の言う事を良く聞く)
= 아내의 말을 잘 들어주다

ゆうじんのちゅうこくをきく(友人の忠告を聞く)
= 친구의 충고를 받아들이다

≪묻다 ; 질문하다≫

こうばんでみちをきく(交番で道を聞く)
= 지구대(파출소)에서 길을 묻다

かれのつごうをきく(彼の都合を聞く) = 그의 형편을 묻다

きくはいっときのはじ, きかぬはまつだいのはじ(聞くは一時の恥, 聞かぬは末代の恥) = (모르는 것을)묻는 것은 한때의 수치, 묻지 않는 것(모르는) 것은 평생의 수치

≪분간하다 ; 맛보다≫

かおりをきく(香を聞く) = 향기를 맡아 분간하다
こうをきく(香を聞く) = 향을 피워 그 냄새를 맡다
さけをきく(酒を聞く) = 술을 맛보다

≪합성어 ; 관용구≫

ききあやまる(聞き誤る) = 잘못 듣다
ききあわせ(聞き合せ) = 문의 ; 조회
ききいれる(聞き入れる) = 들어주다
ききおとす(聞き落す) = 빠뜨리고 듣다
ききおぼえる(聞き覚える) = 귀로 듣고 익히다
ききかえす(聞き返す) = 되묻다
ききくるしい(聞き苦しい) = 듣기가 괴롭다
ききすて(聞き捨て) = 듣고도 그냥 넘김
ききすます(聞き澄ます) = 귀 기울여 듣다
ききそこない(聞き損ない) = 잘못 들음
ききつたえる(聞き伝える) = 전해 듣다
ききとがめる(聞き咎める) = 듣고 따지다
ききふるす(聞き古す) = 귀가 닳도록 듣다
ききほれる(聞き惚れる) = 도취되어 듣다

ききとる(聞き取る) = 알아듣다

ききとりのしけん(聞き取りの試験) = 청취력 시험

ききなおす(聞き直す) = 되묻다

❸ そばだてる(欹てる) 귀를 기울이다

みみをそばだてる(耳を側てる) = 귀를 기울이다

まくらをそばだてる(枕を側てる) = 자리에 누워 귀를 기울이다

❹ ききいる(聞入る) 열심히 듣다

こうぎをききいる(講義を聞入る) = 강의를 열심히 듣다

めいきょくをききいる(名曲を聞入る) = 명곡을 조용히 듣다

❺ ききながす(聞流す) 건성으로 듣다

こごとをききながす(小言を聞流す) = 잔소리를 흘려듣다

わるぐちをききながす(悪口を聞流す) = 욕설을 들은 체 만 체하다

たにんごとときながす(他人事と聞流す)

= 남의 일이라고 대수롭지 않게 듣다

❻ **きこえる**(聞こえる) 들리다

≪들리다≫

そうおんがきこえる(騒音が聞こえる) = 소음이 들리다
わらいごえがきこえる(笑い声が聞こえる) = 웃음소리가 들리다
はなしがよくきこえない(話がよく聞こえない)
= 이야기가 잘 들리지 않다

≪여겨지다≫

いいわけのようにきこえる(言い訳のように聞こえる)
= 변명처럼 들리다
ひにくにきこえる(皮肉に聞こえる) = 비꼬는 것으로 들리다
いやみにきこえる(嫌味に聞こえる) = 비아냥거리는 투로 들리다

≪이름나다≫

よにきこえたひと(世に聞こえた人) = 세상에 알려진 사람

なのきこえたしじん(名の聞こえた詩人) = 이름이 알려진 시인

おとにきこえたはつめいか(音に聞こえた発明家) = 소문에 듣던 발명가

 **kotoba**

あか(垢) = 때
たこ(胼胝) = 굳은살
こうえん(講演) = 강연
たより(便り) = 소식
いいつけ(言付け) = 분부
ちゅうこく(忠告) = 충고

こうばん(交番) = 파출소
つごう(都合) = 형편
こごと(小言) = 잔소리
そうおん(騒音) = 소음
いいわけ(言い訳) = 변명
ひにく(皮肉) = 비꼼

ふさぐ(塞ぐ) = 막다
ほじくる(穿る) = 후비다
するどい(鋭い) = 날카롭다
はさむ(挟む) = 끼우다
とめる(留める) = 만류하다
そろえる(揃える) = 갖추다
かく(掻く) = 긁다
こえる(肥える) = 살찌다

かたむける(傾ける) = 기울이다
すすぐ(濯ぐ) = 씻다
さからう(逆らう) = 거슬리다
かえす(返す) = 되돌리다
そこなう(損なう) = 손상하다
つたえる(伝える) = 전하다
ほれる(惚れる) = 반하다
そばだてる(側てる) = 기울이다

11

코의 기능

 코로 숨을 쉽니다. 숨을 쉬는 것은 자율신경의 작용입니다. 인간의 의식적인 통제 밖에 있는 자연 현상이라고 할 수 있겠지요. 코로 냄새도 맡습니다. 인간의 후각 능력은 개를 비롯한 동물에 비해 뛰어나지 않은 편이라고 하지요? 인간이 진화하면서 그 정도면 생존에 문제가 없다는 결론이 내려졌을 것입니다.

❶ はな(鼻) 코

≪코≫

ひくいはな(低い鼻) = 낮은 코
はなでいきをする(鼻で息をする) = 코로 숨을 쉬다
はなをほじくる(鼻を穿る) = 코를 후비다
はなにかかったこえ(鼻に掛かった声) = 코먹은 소리
はながつまる(鼻が詰まる) = 코가 막히다

≪후각≫

はながきく(鼻が利く) = 냄새를 잘 맡다
においがはなをつく(匂いが鼻を突く) = 냄새가 코를 찌르다
はながまがる(鼻が曲がる) = 코가 삐뚤어지다(심한 악취가 나다)

≪합성어≫

はないき(鼻息) = 콧김
はなうた(鼻歌) = 콧노래
はなかぜ(鼻風邪) = 코감기
はながみ(鼻紙) = 휴지

はなくそ(鼻糞) = 코딱지

はなげ(鼻毛) = 코털

はなすじ(鼻筋) = 콧날

はなばしら(鼻柱) = 코뼈

はなみぞ(鼻溝) = 인중

はなぢ(鼻血) = 코피

はなみず(鼻水) = 콧물

はなごえ(鼻声) = 콧소리

はなっぱし(鼻っぱし) = 콧대 ; 고집

はなじろむ(鼻白む) = 머쓱해지다

≪관용구≫

はながたかい(鼻が高い) = 콧대가 높다 ; 우쭐해하다

はなをたかくする(鼻を高くする) = 우쭐거리다

はなをおる(鼻を折る) = 콧대를 꺾다

はなつきあわす(鼻突き合わす) = 아주 가까이 있다

はなのしたがながい(鼻の下が長い) = 여자에게 물렁하다

はなをならす(鼻を鳴らす) = 아양 떨다

はなでわらう(鼻で笑う) = 코웃음치다

はなにつく(鼻に付く) = 싫어지다

❷ いき(息) 숨

≪호흡 ; 목숨≫

いきをする(息をする) = 숨을 쉬다

いきがかよう(息が通う) = 아직 숨이 있다 ; 살아 있다

いきのあるうちにあう(息のある内に合う)
= 목숨이 붙어 있을 때 만나다

いのちのあるうち(命のある内) = 목숨이 붙어 있는 동안

いきがきれる(息が切れる) = 숨이 차다 ; 숨넘어가다

いきがたえる(息が絶える) = 숨이 끊어지다(죽다)

≪입김≫

いきをすう(息を吸う) = 숨을 들이쉬다

いきをはく(息を吐く) = 숨을 내쉬다

いきがくさい(息が臭い) = 입내가 나다

≪가락 ; 장단≫

いきがあう(息が合う) = 호흡이 맞다

いきをあわせる(息を合わせる) = 호흡을 맞추다

むしきからいきがたつ(蒸し器から息が立つ) = 찜통에서 김이 오르다

≪합성어≫

いきせききる(息急き切る) = 헐떡거리다
いきぜわしい(息忙しい) = 숨이 거칠다
いきづかい(息遣い) = 숨결
いきづく(息衝く) = 헐떡이다 ; 탄식하다
いきづまる(息詰まる) = 숨이 막히다
いきのお(息の緒) = 목숨
いきのね(息の根) = 숨통
いきばる(息張る) = 분발하다
いきまく(息巻く) = 으르대다
いきむ(息む) = 배에 힘을 주다

≪관용구≫

いきがかかる(息が掛かる) = 입김이 미치다
いきがつづく(息が続く) = 한 가지 일을 오래하다
いきがつまる(息が詰まる) = 숨이 막히다
いきがながい(息が長い) = 숨이 길다
いきがはずむ(息が弾む) = 숨이 가빠지다

いきをいれる(息を入れる) = 한숨 돌리다

いきをころす(息を殺す) = 숨을 죽이다

いきをのむ(息を呑む) = 몹시 놀라다

いきをつぐ(息を継ぐ) = 도중에 숨을 쉬다

いきをぬく(息を抜く) = 긴장을 풀다

いきをひきとる(息を引き取る) = 숨을 거두다(죽다)

いきをふきかえす(息を吹き返す) = 소생하다 ; 회복되다

❸ こきゅう(呼吸) 호흡

≪호흡≫

ふくしきこきゅう(腹式呼吸) = 복식호흡

くうきをこきゅうする(空気を呼吸する) = 공기를 호흡하다

ふかくこきゅうする(深く呼吸する) = 깊이 숨을 쉬다

こきゅうがはやい(呼吸が速い) = 숨이 거칠다

こきゅうがせっぱくする(呼吸が切迫する) = 호흡이 가빠지다

こきゅうがとまる(呼吸が止まる) = 호흡이 멎다

≪가락 ; 장단≫

こきゅうがあう(呼吸が合う) = 호흡이 맞다
ふたりがこきゅうをあわせる(二人が呼吸を合わせる)
= 두 사람이 호흡을 맞추다

≪일의 요령≫

えんぜつのこきゅう(演説の呼吸) = 연설의 요령
こきゅうをおぼえる(呼吸を覚える) = 요령을 익히다
こきゅうをのみこむ(呼吸を呑み込む) = 요령을 터득하다
そのこきゅうでやればよい(その呼吸でやれば良い)
= 그 요령으로 하면 된다

❹ つく(吐く) 숨을 내쉬다

≪숨을 쉬다≫

いきをつく(息を吐く) = 숨을 돌리다
ためいきをつく(溜息を吐く) = 한숨을 쉬다
いきをつくまもない(息を吐く間もない) = 숨 쉴 틈도 없다

≪함부로 말하다≫

うそをつく(嘘を吐く) = 거짓말을 하다
あくたいをつく(悪態を吐く) = 욕을 퍼붓다

❺-1   におい(匂い) 냄새

≪향내≫

においぶくろ(匂袋) = 향주머니
こうずいのにおい(香水の匂い) = 향수 냄새
きくのかんばしいにおい(菊の芳しい匂い) = 국화의 향긋한 냄새

≪정취≫

ふるめかしいにおい(古めかしい匂い) = 예스러운 정취
したまちのにおい(下町の匂い) = 서민 생활의 정취

❺-2 におい(臭い) 냄새

≪악취≫

あせのにおい(汗の臭い) = 땀 냄새

あしのにおい(足の臭い) = 발 냄새

なっとうのにおい(納豆の臭い) = 낫토 냄새

けもののにおいがする(獣の臭いがする) = 짐승 냄새가 나다

においをけす(臭いを消す) = 냄새를 없애다

≪낌새≫

ふせいのにおいがする(不正の臭いがする) = 부정의 냄새가 나다

はんざいのにおいがする(犯罪の臭いがする) = 범죄의 냄새가 나다

❻ かぐ(嗅ぐ) 냄새 맡다

≪냄새를 맡다≫

においをかぐ(臭いを嗅ぐ) = 냄새를 맡다

はなのかおりをかぐ(花の香りを嗅ぐ) = 꽃향기를 맡다

いぬがくんくんとかぐ(犬がくんくんと嗅ぐ)
＝ 개가 킁킁거리며 냄새를 맡다

≪탐지하다≫

ひとのひみつをかぐ(人の秘密を嗅ぐ) ＝ 남의 비밀을 캐다
はんにんをかぎつける(犯人を嗅ぎ付ける) ＝ 범인을 탐지해 내다

kotoba

むしき(蒸し器) = 찜통
せっぱく(切迫) = 절박
ためいき(溜息) = 한숨
あくたい(悪態) = 욕

こうずい(香水) = 향수
したまち(下町) = 다운타운
ふせい(不正) = 부정
はんざい(犯罪) = 범죄

つまる(詰まる) = 막히다
まがる(曲がる) = 구부러지다
ならす(鳴らす) = 울리다
かよう(通う) = 왕래하다
せわしい(忙しい) = 바쁘다
つく(衝く) = 찌르다

はずむ(弾む) = 튀다
つぐ(継ぐ) = 잇다
ぬく(抜く) = 빼다
とまる(止まる) = 멎다
あう(合う) = 맞다
かんばしい(芳しい) = 향긋하다

12
입의 기능 - 1

입은 얼굴에 있는 다른 기관에 비해 매우 많이 움직입니다. 다양한 표정을 지을 수 있습니다. 그만큼 주변 사람에게 자신의 기분이나 감정을 매우 섬세하게 전달할 수 있을 것입니다. 하품하는 모습만 보고도 그 사람의 처지나 감정을 헤아릴 수 있습니다.

❶ くち(口) 입

≪입≫

くちをおおきくあける(口を大きく開ける) = 입을 크게 벌리다

くちをとがらせる(口を尖らせる) = 입을 삐쭉 내밀다 ; 부루퉁하다

あいたくちがふさがらない(開いた口が塞がらない)
= 벌어진 입이 다물어지지 않다

ひとのくちにのぼる(人の口に上る) = 사람의 입에 오르다

くちがきたない(口が汚い) = 입이 걸다

くちづける(口付ける) = 입맞춤하다(키스하다)

くちまかせにしゃべる(口任せに喋る) = 입에서 나오는 대로 지껄이다

≪미각≫

くちがこえている(口が肥えている) = 입이 높다

くちがおごっている(口が奢っている) = 입이 사치하다

≪마개 ; 아가리≫

びんのくち(瓶の口) = 병마개

くちをぬく(口を抜く) = 마개를 뽑다

くちのひろいびん(口の広い瓶) = 입이 넓은 병

くちをふさぐ(口を塞ぐ) = 아가리를 막다

≪말≫

ひとくちにいえば(一口に言えば) = 한마디로 말하면

わきからくちをだす(脇から口を出す) = 참견하다

くちぐちにいう(口口に言う) = 제각각 말하다

くちのたっしゃなひと(口の達者な人) = 말을 잘 하는 사람

くちをつつしむ(口を慎む) = 말을 삼가다

くちをいれる(口を入れる) = 말참견하다

くちをつぐむ(口を噤む) = 입을 다물다

くちにはあらわせない(口には表せない) = 말로 표현할 수 없다

むかしばなしをくちづたえする(昔話を口伝えする)
= 옛날이야기를 구전하다

≪입구≫

でいりぐち(出入口) = 출입구

ひじょうぐち(非常口) = 비상구

とざんぐち(登山口) = 등산길 어귀

≪첫머리≫

いとぐち(糸口) = 실마리

よいのくち(宵の口) = 초저녁

くちからかたづける(口から片付ける) = 처음부터 차례로 치우다

≪식구≫

くちをへらす(口を減らす) = 입을 덜다(식구를 줄이다)

くちがおおいかてい(口が多い家庭) = 식구가 많은 가정

≪자리≫

つとめぐち(勤め口) = 근무처 ; 일자리

かっこうなくち(格好な口) = 알맞은 취직자리

きずぐち(傷口) = 상처

≪합성어≫

くちあけ(口開け) = 맨 처음

くちあたり(口当たり) = 입맛 ; 구미

くちあらい(口荒い) = 말이 거칠다

くちあらそい(口争い) = 말다툼

くちいれ(口入れ) = 말참견

くちえ(口絵) = (책·잡지) 권두의 그림

くちおしい(口惜しい) = 유감스럽다

くちおも(口重) = 말씨가 느림

くちおもい(口重い) = 입이 무겁다

くちがるい(口軽い) = 입이 가볍다

くちがき(口書) = 머리말

くちかず(口数) = 말수

くちがため(口固め) = 입막음 ; 함구

くちがね(口金) = 꼭지쇠

くちきり(口切り) = 개봉

くちぐせ(口癖) = 입버릇

くちぐるま(口車) = 입발림 ; 감언이설

くちごたえ(口答え) = 말대꾸

くちさびしい(口寂しい) = 입이 심심하다

くちずから(口ずから) = 자기 입으로

くちずさむ(口吟む) = 흥얼거리다

くちすすぐ(口漱ぐ) = 양치질하다

くちばし(嘴) = 부리 ; 주둥이

くちひげ(口髭) = 콧수염

くちびる(唇) = 입술

くちもと(口元) = 입가 ; 입언저리

くちべに(口紅) = 입술연지

くちぶえ(口笛) = 휘파람

くちぶり(口振り) = 말투 ; 말씨

くちべた(口下手) = 말주변이 없음

くちやくそく(口約束) = 언약

くちわ(口輪) = 재갈

≪관용구≫

くちがうまい(口が巧い) = 말을 잘하다

くちがうるさい(口が煩い) = 말이 많다

くちがおもい(口が重い) = 입이 무겁다

くちがかるい(口が軽い) = 입이 가볍다

くちがすぎる(口が過ぎる) = 말이 지나치다

くちがすっぱくなる(口が酸っぱくなる) = 입에서 신물이 나다

くちがひあがる(口が干上がる) = 입에 풀칠을 못하다

くちとはらがちがう(口と腹が違う) = 말과 속이 다르다

くちにまかせる(口に任せる) = 입에서 나오는 대로 말하다

くちをあわせる(口を合わせる) = 말을 맞추다

くちをきる(口を切る) = 말을 꺼내다

くちをぬぐう(口を拭う) = 입을 씻다(모른체하다)

くちをのりする(口を糊する) = 입에 풀칠을 하다

❷ どもる(吃る) 말을 더듬다

どもりながらはなす(吃りながら話す) = 더듬거리며 말하다
きんちょうしてどもる(緊張して吃る) = 긴장해서 말을 더듬다

❸ あくび(欠伸) 하품

あくびがでる(欠伸が出る) = 하품이 나다
あくびをかみころす(欠伸を噛み殺す) = 하품을 억지로 참다
あくびがでそうなつまらないはなし(欠伸が出そうな詰まらない話)
= 하품이 날 것 같은 시시한 이야기

 *kotoba*

たっしゃ(達者) = 능숙함

とざん(登山) = 등산

かてい(家庭) = 가정

くせ(癖) = 버릇

きんちょう(緊張) = 긴장

あくび(欠伸) = 하품

しゃべる(喋る) = 지껄이다

おごる(奢る) = 사치하다

つつしむ(慎む) = 삼가다

つぐむ(噤む) = 다물다

かたづける(片付ける) = 치우다

へらす(減らす) = 덜다

あらそい(争い) = 다툼

おしい(惜しい) = 아쉽다

かるい(軽い) = 가볍다

かためる(固める) = 굳히다

こたえる(答える) = 대답하다

すっぱい(酸っぱい) = 시다

ぬぐう(拭う) = 닦다

どもる(吃る) = 말더듬다

13

입의 기능 - 2

입으로 말을 합니다. 말하는 모습이나 표정이 다양합니다. 담담하게 하는 말, 묻는 말, 가볍게 지껄이는 말, 꾸짖는 말, 욕을 퍼붓는 말 등 사람의 감정 상태에 따라 말의 표현도 달라집니다. 때에 따라서는 말을 하지 않는 것도 훌륭한 소통 수단이 될 수 있습니다.

❶ いう(言う)

≪말하다 ; 이야기하다≫

かれのいうことはむずかしい(彼の言うことは難しい)

= 그가 말하는 것은 어렵다

もういちどいってください(もう一度言って下さい)

= 다시 한 번 말해주세요

なきごとをいう(泣き事を言う) = 우는 소리를 하다

どうのこうの言(い)う = 이러쿵저러쿵 말하다

ずつうがするという(頭痛がすると言う) = 골치가 아프다고 말하다

いうことなし(言う事無し) = 더할 나위 없다

なんともいえない(何とも言えない) = 뭐라고 말할 수 없다

≪부르다 ; 일컫다≫

あべというひと(安部と言う人) = 아베라고 하는 사람

なんぜんにんというひと(何千人と言う人) = 몇 천 명이나 되는 사람

これがおとこというもの(此れが男と言うもの)
= 이것이 남자라고 하는 것

これというちょうしょもない(此れと言う長所もない)
= 이렇다 할 장점도 없다

≪합성어 ; 관용구≫

いいあう(言い合う) = 서로 말하다

いいあてる(言い当てる) = 알아맞히다

いいあやまる(言い誤る) = 잘못 말하다
いいあらそう(言い争う) = 언쟁하다
いいおくる(言い送る) = 말을 전하다
いいかえす(言い返す) = 말대꾸하다
いいがたい(言い難い) = 말하기 어렵다
いいきる(言い切る) = 단언하다
いいぐさ(言い草) = 말투
いいさとす(言い諭す) = 타이르다
いいすてる(言い捨てる) = 말을 내뱉다
いいそこなう(言い損なう) = 잘못 말하다
いいだす(言い出す) = 말을 꺼내다
いいたてる(言い立てる) = 주장하다
いいちらす(言い散らす) = 말을 함부로 하다
いいつける(言い付ける) = 분부하다
いいとおす(言い通す) = 우겨대다
いいなおす(言い直す) = 고쳐 말하다
いいなす(言い做す) = 그럴듯하게 말하다
いいならす(言い慣らす) = 입버릇처럼 말하다
いいぬける(言い抜ける) = 발뺌하다
いいひろめる(言い広める) = 말을 퍼뜨리다
いいもらす(言い漏らす) = 누설하다
いいやぶる(言い破る) = 논파하다

いいよどむ(言い淀む) = 말이 막히다
いいわたす(言い渡す) = 선고하다

❷ はなす(話す)

≪말하다 ; 이야기하다≫

おおごえではなす(大声で話す) = 큰 소리로 말하다
えいごではなす(英語で話す) = 영어로 말하다
けいけんをはなす(経験を話す) = 경험을 이야기하다
はなせばわかる(話せば分かる) = 이야기하면 안다

≪상의하다≫

はなすにたりるひと(話すに足りる人) = 더불어 의논할 만한 사람
のちのちのことをはなす(後後の事を話す) = 뒷날의 일을 상의하다
はなしてもむだだ(話しても無駄だ) = 이야기해도 소용없다

≪합성어 ; 관용구≫

はなしあう(話し合う) = 서로 이야기하다

はなしかける(話し掛ける) = 말을 걸다

はなしこむ(話し込む) = 이야기에 열중하다

はなしぶり(話し振り) = 말하는 모양

❸ とう(問う) 묻다

≪묻다 ; 질문하다≫

あんぴをとう(安否を問う) = 안부를 묻다

さんぴをとう(賛否を問う) = 찬부를 묻다

≪추궁하다≫

せきにんをとう(責任を問う) = 책임을 묻다

しんかをとう(真価を問う) = 진가를 따지다

はんぎゃくざいにとわれる(反逆罪に問われる)
= 반역죄로 문초를 받다

≪문제 삼다≫

がくれきをとわない(学歴を問わない) = 학력을 묻지 않는다

りゆうのいかんをとわず(理由の如何を問わず) = 이유 여하를 불문하고

ねだんをとわずかう(値段を問わず買う) = 값에 관계없이 사다

≪합성어 ; 관용구≫

といあわせる(問い合わせる) = 문의(조회)하다

といかえす(問い返す) = 되묻다

といただす(問い質す) = 따지다

といつめる(問い詰める) = 추궁하다

❹ しゃべる(喋る) 지껄이다

しゃべりまくる(喋り捲る) = 마구 지껄여대다

よけいなことをしゃべる(余計なことを喋る)
= 쓸데없는 말을 지껄이다

よくしゃべるおとこだ(良く喋る男だ) = 수다스러운 남자다

かれにしゃべってはいけない(彼に喋ってはいけない)
= 그에게 말하면 안 된다

うっかりしゃべってしまった(うっかり喋ってしまった)
= 무심코 말해 버렸다

えいごはぜんぜんしゃべれない(英語は全然喋れない)

= 영어는 전혀 말하지 못한다

❺ しかる(叱る) = 꾸짖다

せんせいがせいとをしかる(先生が生徒を叱る)
= 선생님이 학생을 꾸짖다
こえをはげましてしかる(声を励まして叱る) = 언성을 높여 꾸짖다
めをむいてしかる(目を剥いて叱る) = 눈을 부릅뜨고 꾸짖다
むやみにしかる(無闇に叱る) = 무턱대고 꾸짖다

❻ ののしる(罵る) 매도하다

かげでひとをののしる(陰で人を罵る) = 뒷전에서 남의 욕을 하다
ひとまえでかれをののしる(人前で彼を罵る) = 남 앞에서 그를 욕하다
くちきたなくののしる(口汚く罵る) = 입정 사납게 욕을 퍼붓다

❼ だまる(黙る) 침묵하다

だまってほんをよむ(黙って本を読む) = 묵묵히 책을 읽다

だまってきいている(黙って聞いている) = 묵묵히 듣고 있다

だまっていたほうがよい(黙っていた方が良い)
= 가만히 있는 것이 좋다

だまってたちさる(黙って立ち去る) = 잠자코 떠나가다

だまってけっせきする(黙って欠席する) = 아무 말 없이 결석하다

 *kotoba*

ずつう(頭痛) = 두통

ちょうしょ(長所) = 장점

のちのち(後後) = 뒷날

しんか(真価) = 진가

がくれき(学歴) = 학력

ねだん(値段) = 가격

よけい(余計) = 쓸데없음

むやみに(無闇に) = 함부로

さとす(諭す) = 타이르다

とおす(通す) = 통하게 하다

ならす(慣らす) = 길들이다

ひろめる(広める) = 넓히다

もらす(漏らす) = 놓치다

よどむ(淀む) = 막히다

むだだ(無駄だ) = 소용없다

ただす(質す) = 묻다

つめる(詰める) = 좁히다

まくる(捲る) = 넘기다

14

입술 ✣ 이빨

입술로 빱니다. '빨다'에는 여러 뜻이 있습니다. 아이가 어머니의 젖을 빨기도 하고, 마도로스가 담배 빨부리를 빨기도 합니다. 빨대로 음료수를 빨아먹기도 합니다. 일본어에서는 좀 더 넓은 의미로 '들이마시는' 것도 '빨다'에 포함합니다. 이빨로 씹고 깨뭅니다. 특히 동물에게 이빨은 생존에 직결되는 매우 중요한 부위입니다.

❶ くちびる(唇) 입술

うわくちびる(上唇) = 윗입술
したくちびる(下唇) = 아랫입술

くちびるがうすい(唇が薄い) = 입술이 얇다

くちびるのあついひと(唇の厚い人) = 입술이 두툼한 사람

くちびるがあれる(唇が荒れる) = 입술이 트다

はなのくちびる(花の唇) = 미인의 입술

≪관용구≫

くちびるほろびてはさむし(唇亡びて歯寒し) = 순망치한

くちびるをかえす(唇を反す) = 헐뜯다

くちびるをかむ(唇を噛む) = 입술을 깨물다(분함을 참다)

くちびるをとがらす(唇を尖らす) = 입술을 내밀다

くちびるをぬすむ(唇を盗む) = 강제로 입맞추다

❷ すう(吸う) 빨다

≪빨다 ; 빨아먹다≫

ちちをすう(乳を吸う) = 젖을 빨다

ちをすう(血を吸う) = 피를 빨다

みつをすう(密を吸う) = 꿀을 빨다

あまいしるをすう(甘い汁を吸う) = 단물을 빨다

かいめんがみずをすう(海綿が水を吸う) = 갯솜이 물을 빨아들이다

≪들이마시다≫

くうきをすう(空気を吸う) = 공기를 들이마시다
しるをすう(汁を吸う) = 국물을 마시다

≪담배를 피우다≫

たばこをすう(煙草を吸う) = 담배를 피우다
いっぷくすう(一腹吸う) = 한 모금 빨다
たいまをすう(大麻を吸う) = 대마초를 피우다

❸ しゃぶる(舐る) 입안에 넣고 빨다

ゆびをしゃぶる(指を舐る) = 손가락을 빨다
ちちをしゃぶる(乳を舐る) = 젖을 빨다
あめだまをしゃぶる(飴玉を舐る) = 눈깔사탕을 빨다

❹ は(歯) 이빨

≪치아≫

まえば(前歯) = 앞니
おくば(奥歯) = 어금니
やえば(八重歯) = 덧니
おやしらず(親知らず) = 사랑니
はをみがく(歯を磨く) = 이를 닦다
はがうごく(歯が動く) = 이가 흔들리다
はをかく(歯を欠く) = 이를 상하다
はがぬける(歯が抜ける) = 이가 빠지다
はをくいしばる(歯を食いしばる) = 이를 악물다

≪이 모양으로 가지런한 것≫

くしのは(櫛の歯) = 빗살
のこぎりのは(鋸の歯) = 톱니

≪관련어≫

そっぱ(反っ歯) = 뻐드렁니

ばっし(抜歯) = 발치

いれば(入歯) = 의치

はごたえ(歯応え) = 씹는 맛

おはぐろ(お歯黒) = 이를 검게 물들임

❖ おはぐろ(お歯黒)는 전근대 일본의 혼인한 상류사회 여성들 사이에 유행했던 풍속입니다. 에도(江戶) 시대 즉, 17세기 이후에는 서민의 여성들도 혼인하기 직전에 이를 검게 물들였습니다. 천민들은 이를 검게 물들이지 못하게 규제했습니다. 혼인했는데도 이가 하얀 여성은 천민이라는 표식이었습니다.

❺ かむ(噛む) = 씹다 ; 물다

≪씹다≫

よくかんでたべる(良く噛んで食べる) = 잘 씹어 먹다

ぼりぼりとかむ(ぼりぼりと噛む) = 오도독오도독 씹다

≪깨물다≫

したをかむ(舌を噛む) = 혀를 깨물다
くちびるをかむ(唇を噛む) = 입술을 깨물다

≪물다 ; 맞물리다≫

いぬがひとをかむ(犬が人を噛む) = 개가 사람을 물다
ほえるいぬはかまない(吠える犬は噛まない) = 짖는 개는 물지 않는다
うまくかんだはぐるま(旨く噛んだ歯車) = 꼭 맞물린 톱니바퀴

≪관용구≫

かんではきだすようにいう(噛んで吐き出すように言う)
= 씹어 뱉듯이 말하다
かんでふくめる(噛んで含める)
= (밥을 씹어서 입에 넣어 주듯이) 알기 쉽게 이르다

 *kotoba*

かいめん(海綿) = 갯솜
たいま(大麻) = 대마초
あめだま(飴玉) = 눈깔사탕

くし(櫛) = 빗
のこぎり(鋸) = 톱
はぐるま(歯車) = 톱니바퀴

あれる(荒れる) = 거칠어지다
ほろびる(亡びる) = 망하다
かえす(反す) = 뒤집다

みがく(磨く) = 갈다
ほえる(吠える) = 짖다
ふくむ(含む) = 포함하다

15 혀 ✤ 침

혀로 핥고 맛봅니다. 침은 윤활유와 소화제 역할을 합니다.

❶ した(舌) 혀

≪혀≫

うしのした(牛の舌) = 소의 혀
したをだす(舌を出す) = 혀를 내밀다
したがあれる(舌が荒れる) = 혀가 깔깔해지다
したがもつれる(舌が縺れる) = 혀가 꼬부라지다

したがこわばる(舌が強張る) = 혀가 굳어지다

したがざらざらする(舌がざらざらする) = 혀가 까슬까슬하다

いぬがしたをたれる(犬が舌を垂れる) = 개가 혀를 늘어뜨리다

≪말 ; 말투≫

したがながい(舌が長い) = 다변하다

したがまわる(舌が回る) = 말이 막힘이 없다

したをにまいにつかう(舌を二枚に使う) = 앞뒤가 맞지 않는 말을 하다

かれのしたにはどくがある(彼の舌には毒がある)
= 그의 말에는 독이 있다

≪관련어≫ 맛

あまい(甘い) = 달다

にがい(苦い) = 쓰다

しぶい(渋い) = 떫다

からい(辛い) = 맵다

しおからい(塩辛い) = 짜다

すっぱい(酸っぱい) = 시다

≪관용구≫

したをならす(舌を鳴らす) = 혀를 차다
したをふるう(舌を振るう) = 혀를 놀리다(막힘없이 말하다)
したをまく(舌を巻く) = 혀를 내두르다
したはわざわいのね(舌は禍の根) = 혀는 재앙의 근원
したがこえている(舌が肥えている) = 입맛이 까다롭다
したさきでごまかす(舌先で誤魔化す) = 혀끝으로 속이다
したたらずなせつめい(舌足らずな説明) = 불충분한 설명
さんすんのしたでまるめこむ(三寸の舌で丸め込む)
= 세치 혀로 구워삶다
したのねのかわかぬうちに(舌の根の乾かぬ内に)
= 입에 침도 마르기 전에

❷ つば(唾) 침

なまつば(生唾) = 군침
つばをひく(唾を引く) = 침이 고이다
つばをのみこむ(唾を飲み込む) = 침을 삼키다
つばをはく(唾を吐く) = 침을 뱉다
つばをつける(唾を付ける) = 침을 바르다

; (남에게 뺏기지 않기 위해) 손을 써 두다

❸ なめる(嘗める) = 핥다

≪핥다≫

あめをなめる(飴を嘗める) = 엿을 핥다
くちびるをしたでなめる(唇を舌で嘗める) = 입술을 혀로 핥다
おやねこがこねこをなめる(親猫が子猫を嘗める)
= 어미 고양이가 새끼 고양이를 핥다

≪맛보다≫

みそをなめる(味噌を嘗める) = 된장을 맛보다
なめるとにがい(嘗めると苦い) = 맛을 보니 쓰다

≪불태우다≫

ほのおがてんじょうをなめる(炎が天井を嘗める)
= 불길이 천장을 태우다
すうじっこをなめる(数十戸を嘗める) = 수십호를 태우다

≪겪다≫

しんさんをなめる(辛酸を嘗める) = 고초를 겪다
くはいをなめる(苦杯を嘗める) = 고배를 마시다

≪얕보다≫

ひとをなめる(人を嘗める) = 사람을 얕보다
あいてをなめてかかる(相手を嘗めて掛かる) = 상대를 얕보고 대하다
なめたまねをする(嘗めた真似をする) = 깔보는 태도를 보이다

❹ あじわう(味わう) 맛보다

≪음식 맛을 보다≫

りょうりをあじわう(料理を味わう) = 요리를 맛보다
しおかげんはどうかあじわう(塩加減はどうか味わう)
= 간은 어떤지 맛을 보다
あじわってたべる(味わって食べる) = 맛을 즐기며 먹다

≪겪다≫

くるしみをあじわう(苦しみを味わう) = 괴로움을 맛보다
ひあいをあじわう(悲哀を味わう) = 비애를 맛보다
かいかんをあじわう(快感を味わう) = 쾌감을 맛보다

≪음미하다≫

さけをあじわう(酒を味わう) = 술을 음미하다
しをあじわう(詩を味わう) = 시를 감상하다
めいきょくをあじわう(名曲を味わう) = 명곡을 감상하다
おんがくのしんずいをあじわう(音楽の神髄を味わう)
= 음악의 진수를 맛보다

 *kotoba*

わざわい(禍) = 재앙

ほのお(炎) = 불길

しんさん(辛酸) = 고초

くはい(苦杯) = 고배

まね(真似) = 흉내

ひあい(悲哀) = 비애

かいかん(快感) = 쾌감

しんずい(神髄) = 진수

もつれる(縺れる) = 꼬부라지다

こわばる(強張る) = 굳어지다

たれる(垂れる) = 늘어뜨리다

ふるう(振るう) = 휘두르다

ごまかす(誤魔化す) = 속이다

のみこむ(飲み込む) = 삼키다

16
목구멍의 기능

목구멍으로 소리를 냅니다. 음료를 마시거나 음식을 삼킵니다. 사람이 큰 소리를 내고, 노래를 부를 수 있는 것도 목구멍이 있기 때문입니다. 목구멍의 기능에 조그만 문제라도 생기면 어떻게 될까요?

❶ のど(喉) 목구멍

≪인후≫

のどがかわく(喉が乾く) = 목이 마르다
めしがのどをとおらない(飯が喉を通らない)

= 밥이 목을 넘어가지 않는다

のどにさかなのほねがささる(喉に魚の骨が刺さる)
= 목에 생선 가시가 걸리다

≪급소≫

のどをしめる(喉を締める) = 목을 조르다

にげぐちののどをおさえる(逃げ口の喉を押さえる)
= 도망치는 길목을 막다

てきのゆそうろののどをおさえる(敵の輸送路の喉を押さえる)
= 적 수송로의 급소를 누르다

≪관련어≫

なみだにむせぶ(涙に咽ぶ) = 목메어 울다

せきをする(咳をする) = 기침을 하다

ぜんそくでせきあげる(喘息で咳き上げる) = 천식으로 콜록거리다

しゃっくりがでる(吃逆が出る) = 딸꾹질이 나다

やさしいこえ(優しい声) = 상냥한 목소리

こわいろをまねる(声色を真似る) = 목청을 흉내내다

こわだかにはなす(声高に話す) = 큰 소리로 이야기하다

≪관용구≫

のどがなる(喉が鳴る) = 입맛 다시다

のどからてがでる(喉から手が出る) = 갖고 싶은 마음이 굴뚝같다

❷ のむ(飲む ; 呑む) 마시다 ; 삼키다

≪마시다≫

みずをのむ(水を飲む) = 물을 마시다

さけをのむ(酒を飲む) = 술을 마시다

いっぱいのもう(一杯飲もう) = 한 잔 마시자

≪먹다 ; 삼키다≫

くすりをのむ(薬を飲む) = 약을 먹다

かたずをのむ(固唾を飲む) = 마른침을 삼키다

へびがかえるをのむ(蛇が蛙を飲む) = 뱀이 개구리를 삼키다

たばこをのむ(煙草を飲む) = 담배를 피우다

≪집어삼키다≫

なみがふねをのむ(波が船を飲む) = 파도가 배를 삼키다
だくりゅうがひとをのむ(濁流が人を飲む) = 흙탕물이 사람을 휩쓸다

≪참다 ; 누르다≫

なみだをのむ(涙を飲む) = 눈물을 참다
こえをのむ(声を飲む) = 목소리를 죽이다
いきをのんでのぞく(息を飲んで覗く) = 숨을 죽이고 들여다보다

❸ たべる(食べる) 먹다

≪밥을 먹다≫

ごはんをたべる(ご飯を食べる) = 밥을 먹다
ひかえめにたべる(控え目に食べる) = 약간 덜 먹다
ひとくちでたべる(一口で食べる) = 한 입에 먹다
よくかんでたべる(良く噛んで食べる) = 잘 씹어서 먹다
すきなだけたべる(好きなだけ食べる) = 먹고 싶은 만큼 먹다
めしをにはいもたべる(飯を二杯も食べる) = 밥을 두 사발이나 먹다

いちにちににしょくたべる(一日に二食べる) = 하루 두 끼를 먹는다

≪생활하다≫

なにをしてたべるのか(何をして食べるのか) = 무엇을 해서 먹나?
げっきゅうだけでたべる(月給だけで食べる) = 월급만으로 먹고 살다
ひぜにでたべる(日銭で食べる) = 하루 벌어 먹고 살다
たべていくのがせいいっぱいだ(食べて行くのが精一杯だ)
= 입에 풀칠하는 것이 고작이다

≪합성어≫

たべかす(食べ滓) = 먹다 남은 찌꺼기
たべごろ(食べ頃) = 먹기 좋은 때
たべざかり(食べ盛り) = 한창 먹을 나이
たべすぎ(食べ過ぎ) = 과식
たべつける(食べ付ける) = 먹어버릇하다
たべのこす(食べ残す) = 먹다 남기다
たべもの(食べ物) = 음식물

❹ さけぶ(叫ぶ) 부르짖다

みんぞくかいほうをさけぶ(民族解放を叫ぶ) = 민족해방을 외치다
おおごえでさけぶ(大声で叫ぶ) = 큰 소리로 외치다
こえをかぎりにさけぶ(声を限りに叫ぶ) = 목청껏 외치다

❺ うたう(歌う) 노래하다

うたをうたう(歌を歌う) = 노래를 부르다
こうかをうたう(校歌を歌う) = 교가를 부르다
げんきにうたう(元気に歌う) = 힘차게 노래하다
ばんそうなしでうたう(伴奏なしで歌う) = 반주 없이 노래하다
こえだからにうたう(声だからに歌う) = 소리 높이 노래하다
うたをうたってあそぶ(歌を歌って遊ぶ) = 노래를 부르며 놀다
とりがうたう(鳥が歌う) = 새가 지저귀다

 **kotoba**

ゆそう(輸送) = 수송
ぜんそく(喘息) = 천식
しゃっくり(吃逆) = 딸꾹질
こわいろ(声色) = 목청
かたず(固唾) = 마른침

だくりゅう(濁流) = 흙탕물
ひぜに(日銭) = 일당
かす(滓) = 찌꺼기
げんき(元気) = 원기
ばんそう(伴奏) = 반주

かわく(乾く) = 마르다
ささる(刺さる) = 걸리다
しめる(締める) = 조르다

のぞく(覗く) = 엿보다
さかる(盛る) = 번창하다
のこす(残す) = 남기다

17 피부 ❖ 촉감

피부에는 털이 나고, 때가 끼고, 숨구멍이 있어 땀을 흘리기도 합니다. 무엇보다도 피부는 몸에 닿는 온갖 감촉을 느낍니다. 촉감은 동물이 생존하기 위한 마지막 장치라고 할 수 있지 않을까요? 만약에 뜨거운 것을 느끼지 못한다면? 춥거나 더운 것을 느끼지 못한다면? 통증에 고맙다는 말을 해야겠네요.

❶ はだ(肌) 살갗

はだがあれる(肌が荒れる) = 피부가 거칠어지다
はだをよごす(肌を汚す) = (여자가) 몸을 더럽히다

はだをぬぐ(肌を脱ぐ) = 웃통을 벗다(힘써주다)

きのはだ(木の肌) = 나무껍질

やまのはだ(山の肌) = 산의 표면

はだがあわない(肌が合わない) = 성미가 맞지 않다

❷ け(毛) 털

けぶかい(毛深い) = 털이 많다

けがはえる(毛が生える) = 털이 나다

けがぬける(毛が抜ける) = 털이 빠지다

けがたつ(毛が立つ) = 털이 곤두서다

こわいけ(強い毛) = 뻣뻣한 털

けあな(毛穴) = 모공

けすじ(毛筋) = 머리카락

❸ あか(垢) 때

あかがたまる(垢が溜まる) = 때가 끼다

あかをおとす(垢を落とす) = 때를 벗기다

あかじみたて(垢染みた手) = 때 묻은 손

こころのあか(心の垢) = 마음의 때

あかじみる(垢染みる) = 때가 끼어 더러워지다

❹ あせ(汗) = 땀

あせする(汗する) = 땀을 내다

あせをかく(汗を掻く) = 땀을 흘리다

あせをふく(汗を拭く) = 땀을 씻다

あせにまみれる(汗に塗れる) = 땀투성이가 되다

てにあせをにぎる(手に汗を握る) = 손에 땀을 쥐다

あせのけっしょう(汗の結晶) = 땀의 결정

≪합성어≫

あせじみる(汗染みる) = 땀이 배다

あせとり(汗取り) = 땀받이

あせばむ(汗ばむ) = 땀이 배다

あせふき(汗拭) = 땀수건

あせも(汗疹) = 땀띠

あせしらず(汗知らず) = 땀띠약

❺ ふれる(触れる) 닿다

≪접촉하다≫

かたがふれる(肩が触れる) = 어깨가 닿다
かるくふれる(軽く触れる) = 살짝 닿다
ゆびでふれる(指で触れる) = 손가락으로 만지다
いたいところにふれる(痛い所に触れる) = 아픈 곳을 건드리다

≪들어오다 ; 느끼다≫

めにふれる(目に触れる) = 눈에 띄다
みみにふれる(耳に触れる) = 귀에 들리다
こころにふれる(心に触れる) = 마음에 느끼다

≪언급하다≫

てみじかにふれる(手短に触れる) = 간략하게 말하다
かくしんにふれる(核心に触れる) = 핵심을 말하다

≪저촉되다≫

ほうにふれる(法に触れる) = 법에 저촉되다
ばっそくにふれる(罰則に触れる) = 벌칙에 저촉되다

≪감촉하다≫

かみなりにふれる(雷に触れる) = 벼락을 맞다
でんきにふれる(電気に触れる) = 감전하다

≪거슬리다≫

ひとのきにふれる(人の気に触れる) = 남의 기분을 상하게 하다
いかりにふれる(怒りに触れる) = 노여움을 사다

≪접촉하다≫

はだをふれる(肌を触れる) = 살을 대다
てをかたなにふれる(手を刀に触れる) = 손을 칼에 대다
さかずきにくちをふれる(杯に口を触れる) = 술잔에 입을 대다

≪합성어≫

ふれあう(触れ合う) = 맞닿다
ふれこむ(触れ込む) = 선전하다
ふれまわる(触れ回る) = 말을 퍼뜨리며 다니다

❻ さわる(触る) 닿다 ; 만지다

≪접촉하다≫

かおにさわる(顔に触る) = 얼굴에 닿다
きたないてでふれる(汚い手で触れる) = 더러운 손으로 만지다

≪건드리다≫

きにさわる(気に触る) = 기분에 거슬리다
しんけいにさわる(神経に触る) = 신경을 건드리다

❼ かんずる(感ずる) 느끼다

≪느끼다≫

さむさをかんずる(寒さを感ずる) = 추위를 느끼다
くうふくをかんずる(空腹を感ずる) = 공복을 느끼다
ふくつうをかんずる(腹痛を感ずる) = 복통을 느끼다
けんたいをかんずる(倦怠を感ずる) = 권태를 느끼다
ふあんをかんずる(不安を感ずる) = 불안을 느끼다
げんめつをかんずる(幻滅を感ずる) = 환멸을 느끼다

≪감동하다≫

ねついにかんずる(熱意に感ずる) = 열의에 감동하다
あいじょうにかんずる(愛情に感ずる) = 애정에 감동하다
おんぎにかんずる(恩義に感ずる) = 은의에 감동하다

❽ おぼえる(覚える) 느끼다

≪느끼다≫

あつさをおぼえる(暑さを覚える) = 더위를 느끼다
いたみをおぼえる(痛みを覚える) = 아픔을 느끼다
あわれをおぼえる(哀れを覚える) = 가련함을 느끼다

≪기억하다≫

かおをおぼえる(顔を覚える) = 얼굴을 기억하다
なまえをおぼえる(名前を覚える) = 이름을 기억하다

≪익히다≫

じゅんばんをおぼえる(順番を覚える) = 순서를 익히다
こつをおぼえる(骨を覚える) = 요령을 익히다

 **kotoba**

すじ(筋) = 줄기
てみじかに(手短に) = 간략히
ばっそく(罰則) = 벌칙
かみなり(雷) = 벼락
いかり(怒り) = 분노
さかずき(杯) = 술잔

くうふく(空腹) = 공복
けんたい(倦怠) = 권태
げんめつ(幻滅) = 환멸
おんぎ(恩義) = 은의
あわれ(哀れ) = 가련함
じゅんばん(順番) = 순번

あれる(荒れる) = 거칠어지다
はえる(生える) = 나다
ぬける(抜ける) = 빠지다
こわい(強い) = 강하다

たまる(溜まる) = 쌓이다
まみれる(塗れる) = 투성이가 되다
しみる(染みる) = 스미다

18

목 ✣ 몸통 ✣ 어깨

 목은 머리와 몸통을 연결합니다. 말하자면 목은 메인컴퓨터라고 할 수 있는 뇌와 몸통의 각 기관을 연결하는 중요한 통로라고 할 수 있겠네요. 몸통의 가장 윗부분이 어깨입니다.

❶ くび(首) 목

≪목≫

くびがふとい(首が太い) = 목이 굵다
くびをすくめる(首を竦める) = 목을 움츠리다

くびをきる(首を切る) = 목을 자르다

くびをしめる(首を絞める) = 목을 죄다

くびをかける(首を懸ける) = 목을 걸다

≪목 비슷한 것≫

とくりのくび(德利の首) = 술병의 목

あしくび(足首) = 발목

てくび(手首) = 손목

≪머리 부분≫

くびをたれる(首を垂れる) = 목을 늘어뜨리다

まどからくびをだす(窓から首を出す) = 창에서 머리를 내밀다

わこうのくびをとる(倭寇の首を取る) = 왜구의 머리를 자르다

≪해고≫

かれはくびになった(彼は首になった) = 그는 해고되었다

かいしゃをくびになる(会社を首になる) = 회사를 쫓겨나다

くびがあぶない(首が危ない) = 목이 위험하다(해고될 것 같다)

くびがとぶ(首が飛ぶ) = 목이 날아가다(해고되다)

くびがつながる(首が繋がる) = 목이 붙어 있다(해고를 면하다)

≪합성어≫

くびかざり(首飾り) = 목걸이
くびきり(首切り) = 참수
くびすじ(首筋) = 목덜미
くびまき(首巻き) = 목도리

≪관용구≫

くびをかしげる(首を傾げる) = 고개를 갸웃하다
くびをつっこむ(首を突っこむ) = 어떤 일에 관계하다
くびをながくする(首を長くする) = 몹시 기다려지는 모양
くびをひねる(首を捻る) = 의심스럽게 여기다
くびをたてにふる(首を縦に振る) = 승낙하다
くびをよこにふる(首を横に振る) = 승낙하지 않다

❷ どうたい(胴体) 몸통 ; 동체

くびのないどうたい(首のない胴体) = 목이 없는 몸통

どうたいだけのこる(胴体だけ残る) = 몸통만 남다

どうたいがながい(胴体が長い) = 몸통이 길다

どうたいとしし(胴体と四肢) = 몸통과 사지(팔다리)

ひこうきのどうたいちゃくりく(飛行機の胴体着陸)
= 비행기의 동체 착륙

❸ ずうたい(図体) 몸집 ; 덩치

ちいさなずうたい(小さな図体) = 작은 몸집

ずうたいばかりおおきい(図体ばかり大きい) = 덩치만 크다

おおきなずうたいのすもうとり(大きな図体の相撲取)
= 덩치가 큰 씨름꾼

❹ かた(肩) 어깨

≪어깨≫

かたをたたく(肩を叩く) = 어깨를 두드리다

かたがこる(肩が凝る) = 어깨가 결리다

かたにかつぐ(肩に担ぐ) = 어깨에 짊어지다

かたのちからをぬく(肩の力を抜く) = 어깨의 힘을 빼다
じゅうをかたにする(銃を肩にする) = 총을 어깨에 메다
かたをそびやかす(肩を聳やかす) = 어깨를 으쓱거리다

≪어깨와 비슷한 부분≫

かたにパッドをいれる(肩にパッドを入れる) = (의복) 어깨에 심을 넣다
カードのみぎかた(カードの右肩) = 카드의 오른쪽 구석
やまのかた(山の肩) = 산꼭대기 바로 밑의 평평한 곳

≪합성어≫

かたいれ(肩入れ) = 조력함
かたがき(肩書) = (명함·서류) 성명 위에 직함 들을 쓰는 일
かたぐち(肩口) = 어깻죽지
かたぐるま(肩車) = 목말
かたつき(肩付) = 어깨 모양
かたならし(肩慣らし) = (야구) 공을 던지며 어깨를 풂
かたぬぎ(肩脱ぎ) = 웃통을 벗음
かたはば(肩幅) = 어깨통
かたみ(肩身) = 체면

≪관용구≫

かたがぬける(肩が抜ける) = 부담을 면할 수 있다

かたでいきをする(肩で息をする) = 숨가빠하다

かたをおとす(肩を落とす) = 어깨를 늘어뜨리다

かたでかぜをきる(肩で風を切る) = 어깻바람을 내다(기세가 등등하다)

かたをはる(肩を張る) = 어깨를 펴다(으스대다)

かたをいれる(肩を入れる) = 응원하다

かたをかす(肩を貸す) = 힘을 빌려주다

かたをもつ(肩を持つ) = 지지하다

かたをならべる(肩を並べる) = 어깨를 나란히 하다

かたにかかる(肩に掛かる) = 부담이 되다

 **kotoba**

とくり(徳利) = 술병
わこう(倭寇) = 왜구
たて(縦) = 세로

よこ(横) = 가로
しし(四肢) = 사지
すもうとり(相撲取) = 씨름꾼

すくめる(竦める) = 움츠리다
しめる(絞める) = 죄다
かける(懸ける) = 걸다
たれる(垂れる) = 늘어뜨리다
つながる(繋がる) = 이어지다
かしげる(傾げる) = 갸웃하다
つっこむ(突っこむ) = 돌입하다

ひねる(捻る) = 꼬다
たたく(叩く) = 두드리다
こる(凝る) = 엉기다
かつぐ(担ぐ) = 짊어지다
そびやかす(聳やかす)
 = 으쓱거리다
かす(貸す) = 빌려주다

19 팔 ✤ 손

어깨에 붙어있는 팔은 팔꿈치와 팔목을 거쳐 손으로 연결됩니다. 손은 손등, 손바닥, 손가락, 손톱 등으로 구성되어 있습니다.

❶ うで(腕) 팔

≪팔≫

うでをまくる(腕を捲る) = 팔을 걷어붙이다
うでをくむ(腕を組む) = 팔짱을 끼다

≪역량≫

いいうでだ(良い腕だ) = 대단한 솜씨다
うでのあるせいじか(腕のある政治家) = 역량 있는 정치가
うでをみがく(腕を磨く) = 솜씨를 익히다

≪완력・가로대≫

うでにものをいわせる(腕に物を言わせる) = 완력을 발휘하다
いすのうで(椅子の腕) = 의자의 팔걸이

≪합성어≫

うでくび(腕首) = 팔목 ; 손목
うでくらべ(腕比べ) = 힘겨루기
うでずもう(腕相撲) = 팔씨름
うでどけい(腕時計) = 손목시계
うでわ(腕輪) = 팔찌
うでまえ(腕前) = 솜씨
うでまくら(腕枕) = 팔베개

≪관용구≫

うでがあがる(腕が上がる) = 솜씨가 늘다

うでがなる(腕が鳴る) = 좀이 쑤시다

うでにおぼえがある(腕に覚えがある) = 솜씨에 자신이 있다

うでにかけても(腕に掛けても) = 완력에 호소해서라도

うでにこまぬく(腕に拱く) = 수수방관하다

うでをふる(腕を振る) = 솜씨를 발휘하다

❷ ひじ(肘) 팔꿈치

ひじでおす(肘で押す) = 팔꿈치로 밀다

ひじをつく(肘を付く) = 팔꿈치를 괴다

ひじをはる(肘を張る) = 고집을 피우다

ひじをまげる(肘を曲げる) = 팔꿈치를 구부리다

ひじをまくらにする(肘を枕にする) = 팔꿈치를 베개 삼다

❸ てくび(手首) 손목

てくびをつかむ(手首を掴む) = 손목을 잡다

てくびをくじく(手首を挫く) = 손목을 삐다

てくびをかえす(手首を反す) = 손목을 젖히다

てくびをねじる(手首を捩じる) = 손목을 비틀다

てくびがつよい(手首が強い) = 손목 힘이 세다

❹ て(手) 손

≪손≫

てをつかむ(手を掴む) = 손을 잡다

てでささえる(手で支える) = 손으로 받치다

てをたたく(手を叩く) = 손뼉 치다

てにいれる(手に入れる) = 손에 넣다

てをふれる(手を触れる) = 손을 대다

≪노동력≫

てがたりない(手が足りない) = 일손이 부족하다

てがはなせない(手が離せない) = 일손을 놓을 수 없다

ねこのてもかりたい(猫の手も借りたい)
= 고양이 손이라도 빌리고 싶다

≪수단 ; 방법≫

うまいてがある(巧い手がある) = 좋은 수가 있다
そのてはくわぬ(その手は食わぬ) = 그 수에는 안 넘어간다
ふるいてだ(古い手だ) = 낡은 수법이다

≪필적≫

おなじひとのて(同じ人の手) = 같은 사람의 필적
おんなのてのてがみ(女の手の手紙) = 여자 필적의 편지

≪동작을 하는 사람≫

あいて(相手) = 상대편
はなして(話手) = 말하는 사람
もらいて(貰手) = 받는 사람

❺ てのひら(掌) 손바닥 / てのこう(手の甲) 손등

てのひらをかえす(掌を反す) = 손바닥을 뒤집다
てのひらをなでる(掌を撫でる) = 손바닥을 어루만지다

あれしょうのてのひら(荒れ性の掌) = 살성이 거친 손바닥

てのこうをつねる(手の甲を抓る) = 손등을 꼬집다
てのこうにせっぷんする(手の甲に接吻する) = 손등에 입맞춤하다

❻ ゆび(指) 손가락 ; 발가락

おやゆび(親指) = 엄지손가락
ひとさしゆび(人差指) = 집게손가락
なかゆび(中指) = 가운뎃손가락
くすりゆび(薬指) = 약손가락
こゆび(小指) = 새끼손가락

≪관용구≫

ゆびをおる(指を折る) = 손꼽아 헤아리다
ゆびをくっする(指を屈する) = 손꼽다
ゆびをそめる(指を染める) = 착수하다
ゆびをさす(指を差す) = 손가락으로 가리키다
ゆびをつめる(指を詰める) = (야쿠자) 새끼손가락 마디를 자르다
ゆびをくわえる(指を銜える) = 욕심은 나지만 바라만 보다

❼ つめ(爪) 손톱 ; 발톱

つめのていれ(爪の手入れ) = 손톱 손질

つめをつむ(爪を摘む) = 손톱을 깎다

つめをのばす(爪を伸ばす) = 손톱을 기르다

つめでひっかく(爪で引っ掻く) = 손톱으로 할퀴다

≪관용구≫

つめをとぐ(爪を研ぐ) = 손톱을 갈다(야심을 품고 기회를 노리다)

つめにひをともす(爪に火を点す) = 손톱에 불을 켜다(아주 인색하다)

つめのあかほど(爪の垢ほど) = 손톱의 때만큼(아주 조금)

のうあるたかはつめをかくす(能ある鷹は爪を隠す)
= 능력 있는 매는 발톱을 감춘다

つめでひろってみでこぼす(爪で拾って箕で溢す)
= 손톱으로 주워서 키로 흘리다(낭비)

❽ げんこつ(拳骨) 주먹

げんこつをかためる(拳骨を固める) = 주먹을 쥐다

げんこつをふりあげる(拳骨を振り上げる) = 주먹을 치켜들다

げんこつでなぐる(拳骨で殴る) = 주먹으로 때리다
げんこつをくらわす(拳骨とを食らわす) = 주먹을 먹이다
げんこつをみまう(拳骨を見舞う) = 주먹을 선사하다

 *kotoba*

とけい(時計) = 시계
わ(輪) = 고리
まくら(枕) = 베개

せっぷん(接吻) = 입맞춤
てのひら(掌) = 손바닥
たか(鷹) = 매

まくる(捲る) = 젖히다
くむ(組む) = 엇걸다
みがく(磨く) = 갈다
こまぬく(拱く) = 팔짱을 끼다
まげる(曲げる) = 구부리다
つかむ(掴む) = 잡다
くじく(挫く) = 삐다
かえす(反す) = 젖히다
ねじる(捩じる) = 비틀다
ささえる(支える) = 받치다

なでる(撫でる) = 쓰다듬다
つねる(抓る) = 꼬집다
くっする(屈する) = 굽히다
つめる(詰める) = 좁히다
くわえる(銜える) = 물다
つむ(摘む) = 뜯다
とぐ(研ぐ) = 갈다
ともす(点す) = 불을 켜다
こぼす(溢す) = 흘리다
みまう(見舞う) = 문안하다

20 손의 기능 - 1

손은 많은 일을 합니다. 쥐거나 잡습니다. 다양한 도구를 사용합니다. 온갖 물건을 만듭니다. 작은 것을 손가락으로 집습니다. 글을 쓰기도 합니다. 침팬지나 원숭이 같은 영장류에게도 손은 있습니다. 그러나 인간의 손만큼 섬세하지 않습니다.

❶ にぎる(握る) 쥐다

≪쥐다≫

こぶしをにぎる(拳を握る) = 주먹을 쥐다

ゆるくにぎる(緩く握る) = 느슨하게 쥐다
てにあせをにぎる(手に汗を握る) = 손에 땀을 쥐다

≪잡다≫

ふでをにぎる(筆を握る) = 붓을 잡다
ハンドルをにぎる(ハンドルを握る) = 핸들을 잡다
おんなのてをにぎる(女の手を握る) = 여자의 손을 잡다

≪장악하다≫

じっけんをにぎる(実権を握る) = 실권을 잡다
しゅどうけんをにぎる(主導権を握る) = 주도권을 잡다
さいふをにぎる(財布を握る) = 경제의 실권을 장악하다

≪사람의 마음이나 약점을 잡다≫

しょうこをにぎる(証拠を握る) = 증거를 잡다
きりふだをにぎる(切札を握る) = 결정적인 수를 쥐다
ひとのよわみをにぎる(人の弱みを握る) = 남의 약점을 잡다
じけんのかぎをにぎる(事件の鍵を握る) = 사건의 열쇠를 쥐다

❷ つかう(使う) 쓰다 ; 사용하다

≪이용하다≫

ひをつかう(火を使う) = 불을 이용하다
おのをつかう(斧を使う) = 도끼를 이용하다
どうぐをつかう(道具を使う) = 도구를 이용하다
じてんしゃをつかう(自転車を使う) = 자전거를 이용하다

≪부리다≫

ひとをつかう(人を使う) = 사람을 부리다
じょしゅをつかう(助手を使う) = 조수를 부리다
てしたをつかう(手下を使う) = 부하를 부리다

≪조종하다≫

さるをつかう(猿を使う) = 원숭이를 부리다
うしをつかう(牛を使う) = 소를 부리다
にんぎょうをつかう(人形を使う) = 인형을 소종하다

≪술수를 쓰다≫

さいみんじゅつをつかう(催眠術を使う) = 최면술을 쓰다
てじなをつかう(手品を使う) = 마술을 부리다

≪소비하다≫

かねをつかう(金を使う) = 돈을 쓰다
たいせつにつかう(大切に使う) = 아껴 쓰다
ちからをつかう(力を使う) = 힘을 쓰다

≪마음을 쓰다≫

しんけいをつかう(神経を使う) = 신경을 쓰다
あたまをつかう(頭を使う) = 머리를 쓰다
うまいてをつかう(巧い手を使う) = 약은 수를 쓰다

≪동작을 하다≫

ふろをつかう(風呂を使う) = 목욕을 하다
おうぎをつかう(扇を使う) = 부채질하다
べんとうをつかう(弁当を使う) = 도시락을 먹다

ちょうずをつかう(手水を使う) = 손이나 얼굴을 씻다

≪합성어≫

つかいこなす(使いこなす) = 잘 다루다
つかいさき(使い先) = 심부름 간 곳
つかいちん(使い賃) = 심부름 값
つかいて(使い手) = 사용하는 사람
つかいみず(使い水) = 허드렛물
つかいみち(使い道) = 용도 ; 사용법

❸ つくる(作る) = 만들다

≪제작하다≫

つくえをつくる(机を作る) = 책상을 만들다
にんぎょうをつくる(人形を作る) = 인형을 만들다

≪설립하다≫

がっかいをつくる(学会を作る) = 학회를 만들다

かいしゃをつくる(会社を作る) = 회사를 설립하다

≪마련하다≫

こうじつをつくる(口実を作る) = 구실을 만들다
ほうりつをつくる(法律を作る) = 법률을 만들다

≪새로 만들다≫

おんなをつくる(女を作る) = 여자가 생기다
てきをつくる(敵を作る) = 적을 만들다

≪경작하다≫

いねをつくる(稲を作る) = 벼농사를 짓다
やさいをつくる(野菜を作る) = 채소를 재배하다

≪이루다≫

かていをつくる(家庭を作る) = 가정을 이루다
ざいさんをつくる(財産を作る) = 재산을 만들다

❹ つまむ(摘まむ) (손가락으로) 집다

≪집다 ; 집어먹다≫

はなをつまむ(鼻を摘む) = 코를 잡다
てでつまむ(手で摘む) = 손으로 잡다
ごみをつまんですてる(塵を摘んで捨てる) = 쓰레기를 집어서 버리다
かしをつまむ(菓子を摘まむ) = 과자를 집어 먹다
すしをつまむ(寿司を摘まむ) = 스시를 집어 먹다

≪요약하다≫

かいつまんでほうこくする(掻い摘んで報告する) = 요약해서 보고하다
ようてんをつまんではなす(要点を摘んで話す)
= 요점을 간추려서 말하다

❺ かく(書く) (글) 쓰다

≪쓰다≫

もじをかく(文字を書く) = 글자를 쓰다

なまえをかく(名前を書く) = 이름을 쓰다

こまかいじでかく(細かい字で書く) = 잔글씨로 쓰다

ふとぶととかく(太太と書く) = 굵직굵직하게 쓰다

ふでにまかせてかく(筆に任せて書く) = 붓 가는대로 쓰다

≪짓다≫

ほんをかく(本を書く) = 책을 쓰다

てがみをかく(手紙を書く) = 편지를 쓰다

にっきをかく(日記を書く) = 일기를 쓰다

ぶんしょうをかく(文章を書く) = 문장을 쓰다

≪합성어≫

かきあげる(書き上げる) = 다 쓰다

かきいれる(書き入れる) = 써 넣다

かきおろす(書き下ろす) = 새로 쓰다

かきかえる(書き換える) = 다시 쓰다

かきとる(書き取る) = 베껴 쓰다

かきぬく(書き抜く) = 뽑아 쓰다

かきだす(書き出す) = 쓰기 시작하다

かきそこなう(書き損なう) = 잘못 쓰다

かきちらす(書き散らす) = 휘갈겨 쓰다

かきつける(書き付ける) = 써 두다

かきとめ(書留) = (우편) 등기

 *kotoba*

さいふ(財布) = 지갑   しょうこ(証拠) = 증거
きりふだ(切札) = 으뜸패   よわみ(弱み) = 약점
おの(斧) = 도끼   じょしゅ(助手) = 조수
さいみんじゅつ(催眠術) = 최면술   てじな(手品) = 마술
おうぎ(扇) = 부채   がっかい(学会) = 학회
こうじつ(口実) = 구실   ざいさん(財産) = 재산
ほうこく(報告) = 보고   ようてん(要点) = 요점

ゆるい(緩い) = 느슨하다   こまかい(細かい) = 가늘다
かえる(換える) = 바꾸다   とる(取る) = 취하다
ぬく(抜く) = 뽑다   ちらす(散らす) = 뿌리다

21

손의 기능 - 2

손은 많은 일을 합니다. 손짓으로 무엇을 가리키고, 남을 부르기도 합니다. 자신의 생각이나 심정을 표현하기도 합니다. 손으로 상대를 살짝 스치거나 찌르기도 합니다. 어깨를 툭툭 치기도 합니다. 모두 친근감을 표시하는 행위입니다. 하지만 화가 났을 때나 적대감을 드러낼 때는 때리기도 합니다.

❶ さす(指す) = 가리키다

≪가리키다≫

ゆびをさす(指を指す) = 손가락으로 가리키다
とけいがさんじをさす(時計が三時を指す) = 시계가 3시를 가리키다
こくばんのじをむちでさす(黒板の字を鞭で指す)
= 칠판의 글자를 지시봉으로 가리키다

≪지적하다≫

せんせいがわたしをさした(先生が私を指した)
= 선생님이 나를 지목했다
はんにんをさす(犯人を指す) = 범인을 지목하다

≪향하다≫

ひがしをさしてゆく(東を指して行く) = 동쪽을 향해 가다
きょうかいをさしてしゅっぱつする(教会を指して出発する)
= 교회를 향해 출발하다

≪장기를 두다≫

しょうぎをさす(将棋を指す) = 장기를 두다
じょうせきどおりにさす(定石通りに指す) = 정석대로 두다

❷ てぶり(手振り) 손짓

てぶりおもしろくおどる(手振り面白く踊る)
= 손놀림도 재미있게 춤추다
てぶりをまぜてはなす(手振りを混ぜて話す) = 손짓을 섞어가며 말하다
みぶりてぶりでつたえる(身振り手振りで伝える)
= 몸짓 손짓으로 전하다

❸ まねく(招く) 손짓하여 부르다

ぶかをまねく(部下を招く) = 부하를 손짓하여 부르다
いしゃをまねく(医者を招く) = 의사를 불러 오다
えんかいにまねく(宴会に招く) = 연회에 초대하다
きょうじゅとしてまねく(教授として招く) = 교수로 초빙하다
ごかいをまねく(誤解を招く) = 오해를 가져오다

わざわいをまねく(災を招く) = 화를 초래하다

❹ つく(突く) 찌르다

≪찌르다≫

はりでしりをつく(針で尻を突く) = 바늘로 궁둥이를 찌르다
かたなではらをつく(刀で腹を突く) = 칼로 배를 찌르다
やりでつきころす(槍で突き殺す) = 창으로 찔러 죽이다

≪짚다 ; 괴다≫

つえをつく(杖を突く) = 지팡이를 짚다
てをつく(手を突く) = 손을 짚다
ほおづえをつく(頬杖を突く) = 턱을 괴다

≪무찌르다≫

きょをつく(虚を突く) = 허를 찌르다
じゃくてんをつく(弱点を突く) = 약점을 찌르다
いひょうをつく(意表を突く) = 의표를 찌르다

≪자극하다≫

あくしゅうがはなをつく(悪臭が鼻を突く) = 악취가 코를 찌르다
むねをつくかなしいはなし(胸を突く悲しい話)
= 가슴을 찌르는 슬픈 이야기

❺ たたく(叩く) 때리다

≪치다 ; 두드리다≫

てをたたく(手を叩く) = 손뼉을 치다
たいこをたたく(太鼓を叩く) = 북을 치다
ともだちのかたをたたく(友達の肩を叩く) = 친구의 어깨를 두드리다
たくをたたいてろんずる(卓を叩いて論ずる)
= 탁자를 두드리며 논쟁하다

≪때리다 ; 공격하다≫

むすこのしりをたたく(息子の尻を叩く) = 아들의 궁둥이를 때리다
ふせいをしんぶんがたたく(不正を新聞が叩く)
= 부정을 신문이 때리다

てきのしれいぶをたたく(敵の司令部を叩く) = 적의 사령부를 때리다

≪찾아가다 : 입문하다≫

ろうしのもんをたたく(老師の門を叩く) = 노 스승의 문을 두드리다
てらのもんをたたく(寺の門を叩く) = 절의 문을 두드리다

≪의견을 묻다≫

いけんをたたく(意見を叩く) = 전문가의 의견을 묻다
いこうをたたく(意向を叩く) = 의향을 떠보다

≪말을 함부로 해대다≫

かげぐちをたたく(陰口を叩く) = 험담을 해대다
おおきなぐちをたたく(大きな口を叩く) = 큰 소리를 해대다
むだぐちをたたく(無駄口を叩く) = 쓸데없는 말을 해대다

≪다 써 버리다 ; 털다≫

さいふをたたく(財布を叩く) = 지갑을 몽땅 털다
ちりをたたく(塵を叩く) = 먼지를 털다

❻ なぐる(殴る) 때리다 ; 치다

げんこつでなぐる(拳骨で殴る) = 주먹으로 때리다
よこつらをなぐる(横面を殴る) = 따귀를 갈기다
はらいせになぐる(腹癒せに殴る) = 분풀이로 때리다
なさけようしゃなくなぐる(情け容赦なく殴る) = 인정사정없이 때리다
なぐられてこんとうする(殴られて昏倒する) = 얻어맞아서 졸도하다

 *kotoba*

こくばん(黒板) = 칠판

むち(鞭) = 채찍

しょうぎ(将棋) = 장기

じょうせき(定石) = 정석

みぶり(身振り) = 몸짓

えんかい(宴会) = 연회

やり(槍) = 창

つえ(杖) = 지팡이

ほおづえ(頬杖) = 턱

まぜる(混ぜる) = 섞다

つたえる(伝える) = 전하다

いひょう(意表) = 의표

あくしゅう(悪臭) = 악취

ろうし(老師) = 노 스승

いこう(意向) = 의향

かげぐち(陰口) = 험담

よこつら(横面) = 따귀

なさけ(情け) = 정

はらいせ(腹癒せ) = 분풀이

こんとう(昏倒) = 졸도

つく(突く) = 찌르다

かなしい(悲しい) = 슬프다

22

손의 기능 - 3

　손은 많은 일을 합니다. 안마를 할 때 근육을 주로 주무르지요? 하지만 귀 언저리, 뱃살, 어깨 뒤편 등의 근육은 손끝으로 꼬집는 것처럼 강하게 압박하거나 잡아당겨서 치료하는 기법도 있습니다. 하지만 대부분의 근육은 쓰다듬듯이 누르면서 안마하는 기법을 사용합니다. 경우에 따라서는 시술자의 목이나 어깨를 뒤에서 팔로 안아서 당기기도 합니다.

❶ もむ(揉む) 문지르다

≪주무르다≫

かたをもむ(肩を揉む) = 어깨를 주무르다
せなかをもんでやる(背中を揉んで遣る) = 등을 주물러주다

≪비비다≫

てをもむ(手を揉む) = 손을 비비다
くさのはをもむ(草の葉を揉む) = 풀잎을 비비다
もみあらいをする(揉み洗いをする) = (빨래) 비벼 빨다

≪토론하다≫

ほうあんをもむ(法案を揉む) = 법안을 토의하다
もみにもんだげんあん(揉みに揉んだ原案) = 논쟁을 거듭한 원안

≪시달리다≫

むすこのことできをもむ(息子の事で気を揉む) = 아들 문제로 걱정하다
よのあらなみにもまれる(世の荒波に揉まれる) = 험한 세파에 시달리다

❷ つねる(抓る) 꼬집다

ほおをつねる(頬を抓る) = 볼을 꼬집다
うでをつねる(腕を抓る) = 팔을 꼬집다
ももをつねる(股を抓る) = 허벅지를 꼬집다

❸ つかむ(掴む) 잡다

≪붙잡다≫

うでをつかむ(腕を掴む) = 팔을 붙잡다
くもをつかむようなはなし(雲を掴むような話)
= 구름을 잡는 것 같은 이야기
てあたりしだいにつかむ(手当たり次第に掴む) = 닥치는 대로 잡다
おぼれるものはわらをもつかむ(溺れる者は藁をも掴む)
= 물에 빠진 자는 지푸라기라도 붙잡는다

≪손에 넣다≫

かねづるをつかむ(金蔓を掴む) = 돈줄을 잡다
たいきんをつかむ(大金を掴む) = 큰돈을 잡다

りえきをつかむ(利益を掴む) = 이익을 얻다

≪포착하다≫

きかいをつかむ(機会を掴む) = 기회를 잡다
こううんをつかむ(幸運を掴む) = 행운을 잡다
しょうこをつかむ(証拠を掴む) = 증거를 잡다
いとぐちをつかむ(糸口を掴む) = 실마리를 잡다

❹ ひっぱる(引っ張る) 잡아당기다

≪끌어당기다≫

つなをひっぱる(綱を引っ張る) = 줄을 잡아당기다
とをひっぱってみる(戸を引っ張って見る) = 문을 잡아당겨 보다

≪잡아끌다≫

そでをひっぱる(袖を引っ張る) = 소매를 잡아끌다
きゃくをひっぱる(客を引っ張る) = 손님을 잡아끌다
あしをひっぱる(足を引っ張る) = 발목을 잡아끌다(방해하다)

かれのてをひっぱってかえる(彼の手を引っ張って帰る)
= 그의 손을 끌고 돌아가다

≪억지로 끌고 가다≫

けいさつにひっぱられる(警察に引っ張られる) = 경찰에 연행되다
ようぎしゃをひっぱる(容疑者を引っ張る) = 용의자를 연행하다

≪길게 끌다≫

ごびをひっぱる(語尾を引っ張る) = 말끝을 길게 끌다
かいきをひっぱる(会期を引っ張る) = 회기를 연장하다
しはらいをひっぱる(支払いを引っ張る) = 지불을 질질 끌다

≪끌어들이다≫

くみあいにひっぱる(組合に引っ張る) = 조합에 끌어들이다
やきゅうぶにひっぱる(野球部に引っ張る) = 야구부에 끌어들이다

❺ なでる(撫でる) 어루만지다

あたまをなでる(頭を撫でる) = 머리를 쓰다듬다
ひげをなでる(髭を撫でる) = 수염을 쓰다듬다
かぜがほおをなでる(風が頬を撫でる) = 바람이 뺨을 스치다
かいなでのがくもん(掻撫の学問) = 수박 겉핥기식 학문
こくみんをなでる(国民を撫でる) = 국민을 위무하다
かみをなでる(髪を撫でる) = 머리를 빗질하다

❻ だく(抱く) 안다

≪안다≫

あかんぼうをだく(赤ん坊を抱く) = 어린애를 안다
こしをだく(腰を抱く) = 허리를 끌어안다
おとこのむねにだかれる(男の胸に抱かれる) = 남자 품에 안기다
きぼうをだかせてやる(希望を抱かせて遣る) = 희망을 안겨주다

≪품다≫

うたがいをだく(疑いを抱く) = 의심을 품다

じゃねんをだく(邪念を抱く) = 사념을 품다

にわとりがたまごをだく(鶏が卵を抱く) = 닭이 알을 품다

 kotoba

せなか(背中) = 등
あらなみ(荒波) = 험한 세파
かねづる(金蔓) = 돈줄
こううん(幸運) = 행운
しはらい(支払い) = 지불
あかんぼう(赤ん坊) = 어린애

くさのは(草の葉) = 풀잎
わら(藁) = 지푸라기
たいきん(大金) = 큰돈
いとぐち(糸口) = 실마리
くみあい(組合) = 조합
じゃねん(邪念) = 사념

あらう(洗う) = 빨다
おぼれる(溺れる) = 빠지다

つかむ(掴む) = 잡다
かえる(帰る) = 돌아가다

23

가슴 ✤ 배

팔 밑으로 겨드랑이가 있습니다. 몸통의 앞 위쪽을 가슴이라고 부릅니다. 가슴에는 단단한 갈비뼈가 있어 심장, 허파를 비롯한 중요한 장기를 보호합니다. 여성의 가슴에는 유방이 있습니다. 몸통의 아래 부분을 배라고 합니다. 배에는 배꼽이 있습니다. 배꼽은 사람이 처음 태어날 때 탯줄을 자른 흔적입니다.

❶ わき(脇) 겨드랑이

≪겨드랑이≫

ほんをわきにかかえる(本を脇に抱える) = 책을 겨드랑이에 끼다
わきをくすぐる(脇を擽る) = 겨드랑이를 간질이다

≪옆구리≫

わきあけ(脇明け) = (옷) 옆구리를 터놓음
わきせん(脇線) = (옷) 겨드랑이에서 단까지의 선
うわぎのわきがほろびる(上着の脇が滅びる)
= (옷) 상의 옆구리가 터지다

≪곁 ; 옆≫

がっこうのわき(学校の脇) = 학교 옆
みちのわきにしりぞく(道の脇に退く) = 길옆으로 비키다
かれのわきにすわる(彼の脇に座る) = 그의 옆에 앉다
わきからくちをだす(脇から口を出す) = 옆에서 참견하다
はなしをわきにそらす(話を脇に逸らす) = 이야기를 딴 데로 돌리다

❷ むね(胸) 가슴

≪가슴≫

むねをはる(胸を張る) = 가슴을 펴다
むねがいっぱいになる(胸が一杯になる) = 가슴이 뿌듯해지다

≪심장・폐≫

むねがたかなる(胸が高鳴る) = 가슴이 뛰다
むねがくるしい(胸が苦しい) = 가슴이 답답하다
むねがどきどきする(胸がどきどきする) = 가슴이 두근두근하다
むねをやられる(胸を遣られる) = 폐병에 걸리다

≪마음≫

むねにひびく(胸に響く) = 심금을 울리다
むねにひめる(胸に秘める) = 가슴에 품다
むねにあたる(胸に当たる) = 가슴에 와 닿다
むねにうかぶ(胸に浮ぶ) = 마음에 떠오르다
むねのうちをあかす(胸の内を明かす) = 속마음을 털어놓다

≪관용구≫

むねがいたむ(胸が痛む) = 가슴이 아프다
むねがさける(胸が裂ける) = 가슴이 찢어지다
むねがさわぐ(胸が騒ぐ) = 가슴이 설레다

❸ ちぶさ(乳房) 유방 / ろっこつ(肋骨) 갈비뼈

ちちがはる(乳が張る) = 젖이 붇다
ちぶさをふくませる(乳房を含ませる) = 젖을 물리다
ちぶさをなめてはなさない(乳房を嘗めて放さない)
= 젖을 빨고 놓지 않다
ちぶさにしこりができた(乳房に凝が出来た)
= 유방에 응어리가 생겼다

ろっこつがおれる(肋骨が折れる) = 늑골이 부러지다

❹ はら(腹) 배

≪복부≫

はらがすく(腹が空く) = 배가 고프다

はらがいたい(腹が痛い) = 배가 아프다

はらのぐあいがわるい(腹の具合いが悪い) = 배속이 거북하다

はらがはる(腹が張る) = 배가 더부룩하다

≪모태≫

めかけばら(妾腹) = 첩의 소생

はらちがいのきょうだい(腹違いに兄弟) = 배다른 형제

≪속마음≫

はらにおさめる(腹に収める) = 마음속에 간직하다

はらのなかをみせずに(腹の中を見せずに) = 속마음을 감추고

はらのなかでわらう(腹の中で笑う) = 마음속으로 웃다

ひとのはらをよむ(人の腹を読む) = 남의 속마음을 읽다

しゃちょうのはらがわからない(社長の腹が分からない)
= 사장의 속마음을 모르겠다

もうやめるはららしい(もう辞める腹らしい)
= 이젠 그만둘 생각인 것 같다

《담력 ; 배짱》

はらがおおきい(腹が大きい) = 도량이 크다
はらができている(腹が出来ている) = 줏대가 서 있다

《감정 ; 기분》

はらがたてる(腹が立てる) = 화를 내다
はらをいやす(腹を癒す) = 분풀이를 하다

《중앙의 불룩한 부분》

ふねのはら(船の腹) = 배의 불룩한 부분
とくりのはら(徳利の腹) = 술병의 불룩한 부분
やまのはら(山の腹) = 산허리
ことのはら(琴の腹) = 거문고의 가운데 부분

≪합성어≫

はらあわせ(腹合わせ) = 마주보고 앉음

はらいせ(腹癒せ) = 분풀이

はらいた(腹痛) = 복통

はらおび(腹帯) = 복대

はらきり(腹切り) = 할복

はらくだし(腹下し) = 설사약

はらご(腹子) = 태아

はらづもり(腹積もり) = 속셈

はらのうち(腹の内) = 마음속

はらのかわ(腹の皮) = 뱃가죽

はらのむし(腹の虫) = 회충 ; 비위

≪관용구≫

はらがくだる(腹が下る) = 설사하다

はらがくろい(腹が黒い) = 속이 검다 ; 엉큼하다

はらがすわる(腹が据わる) = 마음이 흔들리지 않다

はらがたつ(腹が立つ) = 화가 나다

はらがない(腹が無い) = 배짱이 없다

はらがみえすく(腹が見え透く) = 속이 뻔히 들여다보이다

はらをあわせる(腹を合わせる) = 한통속이 되다
はらをいためたこ(腹を痛めた子) = 친자식
はらをかかえる(腹を抱える) = 배꼽이 빠지게 웃다
はらをかためる(腹を固める) = 마음을 단단히 정하다
はらをきめる(腹を決める) = 마음을 정하다
はらをきる(腹を切る) = 할복하다
はらをこしらえる(腹を拵える) = 든든하게 먹다
はらをこやす(腹を肥やす) = 착복하다
はらをさぐる(腹を探る) = 넌지시 마음을 떠보다
はらをよる(腹を縒る) = 배꼽 잡고 웃다
はらをわる(腹を割る) = 본심을 털어놓다

❺ へそ(臍) 배꼽

みかんのへそ(蜜柑の臍) = 귤의 꼭지
はなしのへそ(話の臍) = 이야기의 중요한 부분
ほっかいどうのへそ(北海道の臍) = 홋카이도의 중심지
へそのおをきる(臍の緒を切る) = 탯줄을 끊다

≪관용구≫

へそをまげる(臍を曲げる) = 심통을 부리다

へそまがりなひと(臍曲がりな人) = 심술궂은 사람

へそでちゃをわかす(臍で茶を沸かす) = (우스워서) 배꼽을 쥐다

 *kotoba*

うわぎ(上着) = 상의
しこり(凝) = 응어리
めかけ(妾) = 첩

ちがい(違い) = 다름
こと(琴) = 거문고
へそのお(臍の緒) = 탯줄

かかえる(抱える) = 끼다
くすぐる(擽る) = 간질이다
しりぞく(退く) = 물러나다
そらす(逸らす) = 돌리다
すく(空く) = 비다
やられる(遣られる) = 당하다
ひびく(響く) = 울리다
ひめる(秘める) = 품다
さける(裂ける) = 찢어지다
さわぐ(騒ぐ) = 떠들다

おさめる(収める) = 간직하다
いやす(癒す) = 고치다
すく(透く) = 들여다보이다
かかえる(抱える) = 안다
かためる(固める) = 굳히다
こしらえる(拵える) = 만들다
こやす(肥やす) = 살찌게 하다
さぐる(探る) = 더듬다
よる(縒る) = 꼬다
わかす(沸かす) = 끓이다

24

등 ✤ 허리

몸통의 뒤쪽에는 등과 허리가 있습니다. 등의 한가운데로 척추가 몸을 반듯하게 잡아줍니다. 말하자면 척추는 집의 대들보라고 할 수 있겠네요. 척추의 속에는 등골이 차 있습니다. 허리가 아프거나 구부러지면 몸을 지탱할 수 없습니다. 어디에 기대지 않을 수 없겠지요.

❶ せなか(背中) 등

せながをたたく(背中を叩く) = 등을 두드리다
せなかをこする(背中を擦る) = 등을 문지르다
せなかをむける(背中を向ける) = 등을 돌리다

せなかをまるめてすわる(背中を丸めて座る) = 등을 구부리고 앉다

せなかをまっすぐにのばす(背中を真っ直ぐに伸ばす)
= 등을 꼿꼿이 펴다

❷ こし(腰) 허리

≪허리≫

こしがまがる(腰が曲がる) = 허리가 굽다

こしをまげる(腰を曲げる) = 허리를 굽히다

こしをおろす(腰を下ろす) = 자리에 앉다

かたなをこしにつける(刀を腰に付ける) = 칼을 허리에 차다

こしをおってあいさつする(腰を折って挨拶する)
= 허리를 굽혀 인사하다

≪중간 부분≫

ようふくのこし(洋服の腰) = 양복의 허리

やまのこしがかすむ(山の腰が霞む) = 산허리가 안개로 뿌옇다

はなしのこしをおる(話の腰を折る) = 말허리를 꺾다

けいかくのこしをおる(計画の腰を折る) = 계획을 훼방놓다

≪탄력성 ; 찰기≫

こしのつよいかみ(腰の強い紙) = 탄력성이 있는 종이
こしのつよいもち(腰の強い餅) = 찰기가 있는 떡
こしのあるそば(腰のある蕎麦) = 찰기가 있는 메밀국수

≪자세 ; 태도≫

けんかごし(喧嘩腰) = 싸우려는 자세
にげごし(逃げ腰) = 도망치려는 자세
こしがさだまらない(腰が定まらない) = 자세가 안정되지 않다

≪합성어≫

こしあて(腰当) = 허리받침
こしおび(腰帯) = 허리띠
こしおれ(腰折れ) = 허리가 굽음
こしかける(腰掛ける) = 걸터앉다
こしがたな(腰刀) = (칼) 요도
こしなわ(腰縄) = 포승
こしぬけ(腰抜) = 겁쟁이
こしまわり(腰回り) = 허리둘레

こしぼね(腰骨) = 허리뼈

こしもと(腰元) = 몸종

≪관용어≫

こしがくだける(腰が砕ける) = 자세가 흐트러지다

こしがたかい(腰が高い) = 고자세이다

こしがひくい(腰が低い) = 저자세이다

こしがよわい(腰が弱い) = 마음이 약하다

こしがぬける(腰が抜ける) = 기겁을 하다

こしをいれる(腰を入れる) = 본격적으로 덤벼들다

こしがすわる(腰が据わる) = 침착하다

こしをすえる(腰を据える) = 확고하게 자리잡다

❸ せきちゅう(脊柱) 등뼈 / せきずい(脊髄) 등골

せきちゅうそくわん(脊柱側湾) = 척추측만

せきちゅうがわんきょくしている(脊柱が湾曲している)
= 척추가 굽어 있다

せきちゅうをきょうせいする(脊柱を矯正する) = 척추를 교정하다

せきずいしんけい(脊髄神経) = 척추신경

せきずいそんしょう(脊髄損傷) = 척추손상

❹ いたい(痛い) 아프다

せなかがいたい(背中が痛い) = 등이 아프다

このしっぱいはいたい(この失敗は痛い) = 이 실패는 뼈아프다

いたいそんしつ(痛い損失) = 뼈아픈 손실

いたいめにあう(痛い目に合う) = 따끔한 맛을 보다

≪관용구≫

いたいところをつく(痛い所を突く) = 아픈 곳을 찌르다

いたくもかゆくもない(痛くも痒くもない) = 아무렇지도 않다

いたくもないはらをさぐらせる(痛くもない腹を探らせる)

= 엉뚱하게 의심을 받다

❺ かがむ(屈む) 구부러지다

こしがかがむ(腰が屈む) = 허리가 굽다

ゆかにかがむ(床に屈む) = 마루에 쭈그리고 앉다

かがんではなをつむ(屈んで花を摘む) = 웅크리고 앉아 꽃을 따다

さむさでてがかがむ(寒さで手が屈む) = 추위로 손이 곱다

❻ もたれる(凭れる) 기대다

≪의지하다≫

かべにもたれる(壁に凭れる) = 벽에 기대다

らんかんにもたれる(欄干に凭れる) = 난간에 기대다

≪체하다 ; 거북하다≫

もちがいにもたれる(餅が胃に凭れる) = 떡이 체하다

たべすぎでいがもたれる(食べ過ぎで胃が凭れる)
= 과식해서 속이 거북하다

 **kotoba**

まっすぐ(真っ直ぐ) = 똑바로
あいさつ(挨拶) = 인사
ようふく(洋服) = 양복
けいかく(計画) = 계획
そば(蕎麦) = 메밀국수
けんか(喧嘩) = 싸움
せきちゅう(脊柱) = 척추
わんきょく(湾曲) = 완곡

きょうせい(矯正) = 교정
しんけい(神経) = 신경
そんしょう(損傷) = 손상
そんしつ(損失) = 손실
ゆか(床) = 마루
かべ(壁) = 벽
らんかん(欄干) = 난간
もち(餅) = 떡

こする(擦る) = 문지르다
むける(向ける) = 향하다
まるめる(丸める) = 구부리다
まがる(曲がる) = 굽다
かすむ(霞む) = 뿌옇다
おる(折る) = 꺾다

にげる(逃げる) = 도망하다
つく(突く) = 찌르다
かゆい(痒い) = 가렵다
さだまる(定まる) = 정해지다
くだける(砕ける) = 부서지다
つむ(摘む) = 뜯다

25

궁둥이 ✤ 다리 ✤ 발

척추 끝에는 궁둥이가 있습니다. 궁둥이 속에는 좌골이 있고, 그것에 고관절이 연결됩니다. 고관절에서 다리와 발로 연결됩니다.

❶ しり(尻) 궁둥이

≪보기≫

しりがおおきい(尻が大きい) = 궁둥이가 크다
しりがぬける(尻が抜ける) = (옷) 궁둥이 부분이 헤어져 구멍이 나다
しりがかるいおんな(尻が軽い女) = 몸가짐이 헤픈 여자

≪뒤 ; 뒤쪽≫

おんなのしりをおいまわす(女の尻を追い回す)
= 여자의 꽁무니를 쫓아다니다
ひとのしりについていく(人の尻に付いて行く) = 남의 뒤를 따라가다
しりきれくつ(尻切れ靴) = 뒤축이 닳아버린 구두
しりあしをふむ(尻足を踏む) = 뒷걸음질치다

≪끝 ; 꼴찌≫

ことばのしり(言葉の尻) = 말끝
なわのしり(縄の尻) = 새끼의 끄트머리
しりからにばんめのせいせき(尻から二番目の成績)
= 꼴찌에서 두 번째 성적

≪밑 ; 밑바닥≫

なべのしり(鍋の尻) = 냄비의 밑바닥
とくりのしり(徳利の尻) = 술병의 밑바닥

≪합성어≫

しりあし(尻足) = 뒷걸음

しりお(尻尾) = 꼬리

しりおし(尻押し) = 후원자

しりおも(尻重) = 궁둥이가 무거움

しりつき(尻付き) = 궁둥이 모양

しりとり(尻取り) = 말 잇기 놀이

しりぬぐい(尻拭い) = 뒤치다꺼리

しりもち(尻餅) = 엉덩방아

≪관용구≫

しりがあたたまる(尻が暖まる) = 한곳에 오래 붙어있다

しりがおもい(尻が重い) = 궁둥이가 무겁다

しりがかるい(尻が軽い) = 궁둥이가 가볍다 ; 부지런하다

しりがながい(尻が長い) = 밑 질기다

しりにしく(尻に敷く) = 깔고 뭉개다

しりにひがつく(尻に火が付く) = 발등에 불이 떨어지다

しりにほをかける(尻に帆を掛ける) = 줄행랑치다

しりをおちつける(尻を落ち着ける) = 느긋하게 자리 잡다

しりをくらえ(尻を食らえ) = 엿 먹어라

しりをたたく(尻を叩く) = 격려하다

しりをまくる(尻を捲る) = 반항적인 태도로 나오다

❷ ざこつ(座骨) 좌골 / こかんせつ(股関節) 고관절

ざこつしんけいつう(座骨神経痛) = 좌골 신경통

こかんせつえん(股関節炎) = 고관절염

こかんせつだっきゅう(股関節脱臼) = 고관절 탈구

こかんせつけいせいふぜん(股関節形成不全) = 고관절형성부전

❸-1 あし(脚) 다리

≪사람의 다리≫

あしがながい(脚が長い) = 다리가 길다

あしをこごめる(脚を屈める) = 다리를 굽히다

あしがきかない(脚が効かない) = 다리를 못쓰다

≪아래 ; 밑 부분≫

つくえのあし(机の脚) = 책상 다리
やまのあし(山の脚) = 산기슭
ふねのあし(船の脚) = 배의 흘수선 아래 부분

≪발자취 ; 종적≫

はんにんのあしをおう(犯人の脚を追う) = 범인의 자취를 쫓다
ぎんこうからあしがつく(銀行から脚がつく)
= 은행에서 덜미가 잡히다

≪움직임 ; 진행 속도≫

くものあし(雲の脚) = 구름의 움직임
ひあしがはやい(日脚が速い) = 해가 빨리 지다
ふねのあしがにぶる(船の脚が鈍る) = 배의 속도가 떨어지다

❸-2 あし(足) 발

≪발≫

あしのうら(足の裏) = 발바닥

あしのこう(足の甲) = 발등

あしをいためる(足を痛める) = 발을 다치다

あしをふみはずす(足を踏み外す) = 발을 헛디디다

≪걸음≫

あしがおそい(足が遅い) = 걸음이 느리다

あしをはやめる(足を早める) = 걸음을 재촉하다

あしをゆるめる(足を緩める) = 걸음을 늦추다

≪발길≫

あしをつづくかぎりあるく(足の続く限り歩く)
= 발길 닿는 데까지 걷다

つしままであしをのばす(対馬まで足を延ばす)
= 쓰시마까지 발길을 뻗치다

あしがとおのく(足が遠退く) = 발길이 뜸해지다

きゃくのあしがとだえる(客の足が跡絶える)
= 손님의 발길이 끊어지다

≪합성어≫

あしあと(足跡) = 발자국 ; 종적

あしおと(足音) = 발소리

あしゆび(足指) = 발가락

あしくび(足首) = 발목

あしげ(足蹴) = 발길질

あしげい(足芸) = 발재주

あしどり(足取り) = 발걸음

あしば(足場) = 발판

あしびょうし(足拍子) = 발장단

あしもと(足元) = 발밑

≪관용구≫

あしがでる(足が出る) = 적자가 나다

あしがはやい(足が早い) = 걸음이 빠르다

あしをあらう(足を洗う) = (나쁜 일에서) 발을 빼다

あしをうばう(足を奪う) = 발을 묶다

あしをすくう(足を掬う) = 발을 걸다

あしをはこぶ(足を運ぶ) = 직접 찾아가보다

あしをひっぱる(足を引っ張る) = 발을 잡아당기다

あしをわる(足を割る) = 가랑이를 벌리다

あしがぼうになる(足が棒になる) = 발이 뻣뻣해지다

あしがみだれる(足が乱れる) = 행동이 통일이 안 되다

 **kotoba**

せいせき(成績) = 성적
ざこつ(座骨) = 좌골
しんけいつう(神経痛) = 신경통

ぎんこう(銀行) = 은행
あと(跡) = 자국
ひょうし(拍子) = 장단

ぬぐう(拭う) = 닦다
まくる(捲る) = 젖히다
こごめる(屈める) = 굽히다
すくう(掬う) = 떠내다
みだれる(乱れる) = 흐트러지다

いためる(痛める) = 손상하다
はずす(外す) = 떼다
ゆるめる(緩める) = 늦추다
とおのく(遠退く) = 뜸해지다
とだえる(跡絶える) = 끊어지다

26

무릎 ✤ 관절 ✤ 발목

무릎 위쪽에 넓적다리가 있습니다. 관절로 된 무릎 속에는 연골이 있어 무게를 지탱하고 충격을 흡수합니다. 궁둥이가 있어 앉을 수 있습니다. 무릎과 다리가 있어서 움직일 수 있습니다. 맨발로 걷고 발끝으로 서기도 합니다. 무릎 뒤쪽에 정강이가 있습니다. 장딴지 아래에 발목이 있습니다. 발은 뒤꿈치, 발바닥, 발톱 등으로 이루어져 있습니다.

❶ ひざ(膝) 무릎

こどもをひざのうえにのせる(子供を膝の上に乗せる)
= 아이를 무릎 위에 앉히다

かのじょのひざをまくらにする(彼女の膝を枕にする)
= 그녀의 무릎을 베다

ひざまでみずにつかる(膝まで水に漬かる) = 무릎까지 물에 잠기다

ひざをかがめる(膝を屈める) = 무릎을 꿇다

ひざをついてあやまる(膝を突いて謝る) = 무릎을 꿇고 사과하다

ひざががくがくふるえる(膝ががくがく震える) = 무릎이 덜덜 떨리다

≪관용구≫

ひざがぬける(膝が抜ける) = 옷의 무릎에 구멍이 나다

ひざをいだく(膝を抱く) = 무릎을 끌어안다(고독한 모양)

ひざをうつ(膝を打つ) = 무릎을 치다

ひざをおる(膝を折る) = 무릎을 꿇다(굴복하다)

ひざをつきあわせる(膝を付き合わせる) = 무릎을 맞대다

ひざをかかえる(膝を抱える) = 아무 일도 않고 가만히 있다

ひざをすすめる(膝を進める) = (상대에게) 다가가다

ひざをくむ(膝を組む) = 책상다리를 하고 앉다

ひざをただす(膝を正す) = 바로 앉다

ひざをくずす(膝を崩す) = 편히 앉다

❷ ふともも(太股) 넓적다리 / なんこつ(軟骨) 연골

ふとももをあらわにする(太股を露にする) = 넓적다리를 드러내다
ふとももまでぬかる(太股まで泥濘る)
= (땅이 질퍽거려) 넓적다리까지 빠지다

なんこつがとびだす(軟骨が飛び出す) = 연골이 튀어나오다

❸ かんせつ(関節) 관절

かんせつえん(関節炎) 관절염
じんこうかんせつ(人工関節) = 인공관절
かんせつわざ(関節技) = (유도) 관절을 꺾는 수
かんせつをくじく(関節を挫く) = 관절을 삐다
かんせつがはずれる(関節が外れる) = 관절이 빠지다
はずれたかんせつをつがえる(外れた関節を番える)
= 어긋난 관절을 맞추다

❹ すわる(座る) 앉다

いすにすわる(椅子に座る) = 의자에 앉다

きちんとすわる(きちんと座る) = 단정히 앉다

しゃちょうのいすにすわる(社長の椅子に座る) = 사장 자리에 앉다

はながすわっている(鼻が座っている)
= (얼굴에서) 코가 자리를 잡고 있다

❺ こしかける(腰掛ける) 걸터앉다

えんがわにこしかける(縁側に腰掛ける) = 툇마루에 걸터앉다

みちばたのいしにこしかける(道端の石に腰掛ける)
= 길가의 돌에 걸터앉다

さしむかいにこしかける(差し向かいに腰掛ける) = 마주보고 걸터앉다

❻ はう(這う) 기다

≪기다≫

わにがはう(鰐が這う) = 악어가 기다

あかんぼうがはう(赤ん坊が這う) = 아기가 기다
へびがはったあと(蛇が這った跡) = 뱀이 기어간 자국
みみずがはったようなじ(蚯蚓が這ったような字)
= 지렁이가 기어간 것 같은 글씨

≪붙어서 뻗어가다≫

つたがはう(蔦が這う) = 담쟁이덩굴이 뻗다
かぼちゃのつるがはっていた(南瓜の蔓が這っていた)
= 호박 덩굴이 뻗어 있었다

❼ うごく(動く) 움직이다

≪옮겨지다≫

くもがうごく(雲が動く) = 구름이 움직이다
でんしゃがうごく(電車が動く) = 전철이 움직이다

≪흔들리다≫

はがうごく(歯が動く) = 이가 흔들리다

はがかぜにうごく(葉が風に動く) = 나뭇잎이 바람에 흔들리다

≪변동하다≫

れきしがあたらしくうごく(歴史が新しく動く)
= 역사가 새로이 변동하다
ひょうじょうがうごかなかった(表情が動かなかった)
= 표정이 변하지 않았다

≪마음이 흔들리다≫

けっしんがうごく(決心が動く) = 결심이 흔들리다
かねにこころがうごく(金に心が動く) = 돈에 마음이 움직이다
こうかいのこころがうごく(後悔の心が動く)
 = 후회하는 마음이 움직이다

≪행동하다 ; 활동하다≫

ぐんたいがうごく(軍隊が動く) = 군대가 움직이다
ともだちのためにうごく(友達の為に動く) = 친구 때문에 움직이다
かげでくろまくがうごく(陰で黒幕が動く)
= 뒤에서 조종자가 움직이다

❽ はだし(裸足) 맨발

≪맨발≫

はだしであるく(裸足で歩く) = 맨발로 걷다

はだしでとびだす(裸足で飛び出す) = 맨발로 뛰어나가다

はだしでかけまわる(裸足で駆け回る) = 맨발로 뛰어다니다

≪발 벗고도 못 따라감≫

せんもんかはだしだ(専門家裸足だ) = 전문가 뺨칠 정도다

くろうとはだしのうでまえ(玄人裸足の腕前) = 전문가도 못 따를 솜씨

❾ つまさき(爪先) 발끝

つまさきでたつ(爪先で立つ) = 발끝으로 서다

あたまからつまさきまで(頭から爪先まで) = 머리에서 발끝까지

つまさきのさか(爪先の坂) = 완만하게 비탈진 언덕

つまさきあがり(爪先上がり) = 차츰 오르막길이 됨. 또는 그런 길

つまさきさがり(爪先下がり) = 차츰 내리막길이 됨. 또는 그런 길

❿ すね(脛) 정강이

ぶかのすねをける(部下の脛を蹴る) = 부하의 정강이를 차다
すねあて(脛当て) = (운동) 정강이 보호 장비

≪관용구≫

すねにきずをもつ(脛に傷を持つ)
 = 정강이에 상처가 있다(켕기는 데가 있다)
すねからひをとる(脛から火を取る) = 정강이에서 불을 붙이다
　　　　　　　　　　　　　　　 (매우 가난하다)
おやのすねをかじる(親の脛を齧る) = 부모에게 얹혀살다

⓫ あしくび(足首) 발목

あしくびのほねがおれる(足首の骨が折れる) = 발목이 부러지다
あしくびをくじく(足首を挫く) = 발목을 삐다
あしくびにはりをうつ(足首に針を打つ) = 발목에 침을 놓다
あしくびをつかむ(足首を掴む) = 발목을 잡다(방해하다)

❷ かかと(踵) 발뒤꿈치 ; 뒤축

かかとをあげる(踵を上げる) = 발꿈치를 들다

かかとのたかいくつ(踵の高い靴) = 뒤축이 높은 구두

くつのかかとをつぶす(靴の踵を潰す) = 구두의 뒤축을 찌그러뜨리다

くつのかかとがへる(靴の踵が減る) = 구두 뒤축이 닳다

かかとのうえのくるぶし(踵の上の踝) = 발뒤꿈치 위의 복사뼈

 ***kotoba***

まくら(枕) = 베개   つる(蔓) = 덩굴
あらわ(露) = 노출함   くろまく(黒幕) = 흑막
わざ(技) = 재주   くろうと(玄人) = 전문가
わに(鰐) = 악어   うでまえ(腕前) = 솜씨
みみず(蚯蚓) = 지렁이   えんがわ(縁側) = 툇마루
つた(蔦) = 담쟁이   みちばた(道端) = 길가
かぼちゃ(南瓜) = 호박   くるぶし(踝) = 복사뼈

つかる(漬かる) = 잠기다   くじく(挫く) = 삐다
いだく(抱く) = 끌어안다   つがえる(番える) = 맞추다
くむ(組む) = 엇걸다   かじる(齧る) = 갉다
くずす(崩す) = 무너뜨리다   へる(減る) = 닳다
ぬかる(泥濘る) = 질퍽거리다   つぶす(潰す) = 찌그러뜨리다

27
내장의 기능

지금까지 몸의 보이는 부분을 알아보았습니다. 다음에는 내장에 대해 알아보겠습니다. 내장은 머릿속의 뇌, 가슴속의 심장, 폐, 간장, 신장, 담낭, 위, 장, 방광 등이 있습니다. 여자에게는 자궁이 있습니다. 사람이 먹을 것을 소화시키면 오줌과 똥이 되어 항문으로 배출됩니다. 모든 신진대사 작용은 인체를 돌고 있는 피가 있기 때문에 가능하다고 할 수 있습니다.

❶ のう(脳) 뇌

≪뇌수≫

のうこうそく(脳硬塞) = 뇌경색

のういっけつ(脳溢血) = 뇌일혈

のうしんとう(脳震盪) = 뇌진탕

のうのないしゅっけつ(脳の内出血) = 뇌의 내출혈

≪머리≫

のうのはたらき(脳の働き) = 뇌의 작용

のうをつかう(脳を使う) = 머리를 쓰다

のうがわるい(脳が悪い) = 머리가 나쁘다

のうがよわい(脳が弱い) = 판단력이 약하다

❷ しんぞう(心臟) 심장

≪염통≫

しんぞうまひ(心臟麻痺) = 심장마비

しんふぜん(心不全) = 심부전

しんきんこうそく(心筋梗塞) = 심근경색

しんぞういしょく(心臓移植) = 심장이식

じんこうしんぞう(人工心臓) = 인공심장

しんぞうがはれつしそうだ(心臓が破裂しそうだ)
= 심장이 터질 것 같다

しんぞうがはくどうをとめる(心臓拍動を止める)
= 심장이 박동을 멈추다

≪중심부≫

こうじょうのしんぞうぶ(工場の心臓部) = 공장의 심장부

エンジンはくるまのしんぞう(エンジンは車の心臓)
= 엔진은 자동차의 심장

≪관용구≫

しんぞうがつよい(心臓が強い) = 강심장이다

しんぞうのよわいおとこ(心臓の弱い男) = 배짱이 없는 남자

しんぞうにけがはえている(心臓に毛が生えている)
= 심장에 털이 나있다(아주 뻔뻔스럽다)

❸ きかんし(気管支) 기관지

きかんしえん(気管支炎) = 기관지염
きかんしぜんそく(気管支喘息) = 기관지 천식
きかんしかくちょうしょう(気管支拡張症) = 기관지 확장증

❹ はい(肺) 폐

はいでこきゅうする(肺で呼吸する) = 폐로 호흡하다
はいをやむ(肺を病む) = 폐병을 앓다
はいかつりょうをはかる(肺活量を図る) = 폐활량을 측정하다
はいにくうどうがみつかる(肺に空洞が見付かる)
= 폐에 구멍이 발견되다
はいけっかくでにゅういんする(肺結核で入院する)
= 폐결핵으로 입원하다

❺ かんぞう(肝臓) 간장 / たんのう(胆囊) 담낭 ; 쓸개

さけはかんぞうをだめにする(酒は肝臓を駄目にする)
= 술은 간장을 해친다

のみすぎでかんぞうがわるくなる(飲み過ぎで肝臓が悪くなる)
= 과음으로 간이 나빠진다

たんのうじょきょしゅじゅつ(胆嚢除去手術) = 담낭제거수술

❻ じんぞう(腎臓) 신장 / ぼうこう(膀胱) 방광

じんぞうのきのうがよわい(腎臓の機能が弱い) = 신장 기능이 약하다
じんぞうえん(腎臓炎) = 신장염

ぼうこうしゅよう(膀胱腫瘍) = 방광종양
ぼうこうけっせき(膀胱結石) = 방광결석

❼ い(胃) 위

いがもたれる(胃が凭れる) = 위가 거북하다
いをいためる(胃を痛める) = 위를 상하다
いをこわす(胃を壊す) = 위에 탈이 나다
いによいたべもの(胃に良い食べ物) = 위에 좋은 음식

❽ ちょう(腸) 장

だいちょう(大腸) = 대장
しょうちょう(小腸) = 소장
じゅうにしちょう(十二指腸) = 십이지장
もうちょう(盲腸) = 맹장

ちょうへいそく(腸閉塞) = 장폐색
ちょうのぜんどううんどう(腸の蠕動運動) = 장의 연동 운동
かいようによるちょうせんこう(潰瘍による腸穿孔)
= 궤양에 의한 장천공

❾ しきゅう(子宮) 자궁 / ぜんりつせん(前立腺) 전립선

しきゅうけいぶ(子宮頸部) = 자궁 경부
しきゅうきんしゅ(子宮筋腫) = 자궁 근종
しきゅうないまくえん(子宮内膜炎) = 자궁 내막염
しきゅうがいにんしん(子宮外妊娠) = 자궁 외 임신

ぜんりつせんえん(前立腺炎) = 전립선염
ぜんりつせんひだいしょう(前立腺肥大症) = 전립선비대증

❿ こなす(熟す) 소화시키다

≪소화시키다 ; 잘게 부수다≫

しょくもつをこなす(食物を熟す) = 음식을 삭이다
いでこなす(胃で熟す) = 위에서 삭이다
かたいものをこなす(固い物を熟す) = 딱딱한 것을 삭이다
つちのかたまりをこなす(土の塊を熟す) = 흙덩이를 잘게 부수다

≪처리하다≫

しごとをいちにちでこなす(仕事を一日で熟す)
= 일을 하루에 처리하다
なんじをやりこなす(難事を遣り熟す) = 어려운 일을 잘 처리하다
かれにはこなせない(彼には熟せない) = 그로서는 처리 못할 것이다

≪다루다≫

にほんごをじゆうにこなす(日本語を自由に熟す)
= 일본어를 자유자재로 구사하다
えいごのほんをよみこなす(英語の本を読み熟す)
= 영어 책을 익숙하게 읽다

くるまをのりこなす(車を乗り熟す) = 자동차를 익숙하게 운전하다

⓫ にょう(尿) 오줌

にょうしっきん(尿失禁) = 요실금
にょうをする(尿をする) = 오줌을 누다
にょうをもらす(尿を漏らす) = 오줌을 지리다
にょうのけんさ(尿の検査) = 소변 검사
にょうにとうがでる(尿に糖が出る) = 오줌에서 당이 나오다

⓬ べん(便) 변

べんぴ(便秘) = 변비
べんがでる(便が出る) = 똥이 나오다
べんがゆるい(便が緩い) = 똥이 무르다
ふつかもべんがない(二日も便がない) = 이틀이나 변이 없다
べんがよくつうじる(便が良く通じる) = 변이 잘 통하다

❸ くそ(糞) 똥 ; 분비물 / ひる(放る) 밖으로 내 보내다

くそをふむ(糞を踏む) = 똥을 밟다
くそどきょうがある(糞度胸がある) = 똥배짱이 있다
みそもくそもいっしょうにする(味噌も糞も一緒にする)
= 좋은 것도 나쁜 것도 동일시하다

へをひる(屁を放る) = 방귀를 뀌다

❹ こうもん(肛門) 항문

こうもんつう(肛門痛) = 항문통
こうもんしゅっけつ(肛門出血) = 항문출혈
じんこうこうもん(人工肛門) = 인공항문
こうもんかつやくきんまひ(肛門括約筋麻痺) = 항문괄약근 마비

❺ けつえき(血液) 혈액

けっかん(血管) = 혈관
ひんけつ(貧血) = 빈혈

제27장 내장의 기능 239

しゅっけつ(出血) = 출혈

ゆけつ(輸血) = 수혈

こうけつあつ(高血圧) = 고혈압

ていけつあつ(低血圧) = 저혈압

どうみゃく(動脈) = 동맥

じょうみゃく(静脈) = 정맥

せっけっきゅう(赤血球) = 적혈구

はっけっきゅう(白血球) = 백혈구

はっけつびょう(白血病) = 백혈병

どうみゃくこうか(動脈硬化) = 동맥경화

 **kotoba**

まひ(麻痺) = 마비
いしょく(移植) = 이식
はれつ(破裂) = 파열
はくどう(拍動) = 박동
くうどう(空洞) = 구멍
しゅよう(腫瘍) = 종양

けっせき(結石) = 결석
かいよう(潰瘍) = 궤양
せんこう(穿孔) = 천공
どきょう(度胸) = 배짱
けつあつ(血圧) = 혈압
けっきゅう(血球) = 혈구

とめる(止める) = 멈추다
やむ(病む) = 앓다
はかる(図る) = 측정하다
みつかる(見付かる) = 발견되다

だめにする(駄目にする)
 = 해치다
もたれる(凭れる) = 거북하다
ゆるい(緩い) = 무르다

28

병의 증상 - 1

　병에 걸리면 아픕니다. 병증에 따라 나타나는 증상도 다양합니다. 피곤하고, 어지러운 증상이 있거나 이명이 들릴 수도 있습니다. 가장 흔한 병이라고 할 수 있는 감기에 걸리면 재치기, 콧물, 기침이 납니다. 열이 심하면 한기가 들거나 오싹 소름이 끼치기도 합니다. 유행성 감기는 세균을 옮깁니다.

❶ いたむ(痛む) 아프다

≪아프다≫

きずがいたむ(傷が痛む) = 상처가 아프다
かたがいたむ(肩が痛む) = 어깨가 쑤시다
よこばらがいたむ(横腹が痛む) = 옆구리가 아프다
からだのふしがいたむ(体の節が痛む) = 몸의 뼈마디가 아프다
こしがずきずきいたむ(腰がずきずき痛む) = 허리가 뜨끔뜨끔 결리다
はがずきんずきんいたむ(歯がずきんずきん痛む) = 이가 욱신거리다

≪괴롭다≫

こころがいたむ(心が痛む) = 마음이 괴롭다
むねがいたむ(胸が痛む) = 가슴이 아프다

≪망가지다≫

にもつがいたむ(荷物が痛む) = 짐이 파손되다
たいふうでやねがいたむ(台風で屋根が痛む)
= 태풍으로 지붕이 파손되다
そでがいたんだふく(袖が痛んだ服) = 소매가 낡은 옷

≪음식이 상하다≫

いちごがいたむ(苺が痛む) = 딸기가 상하다

はやくたべないといたむ(早く食べないと痛む)
= 빨리 먹지 않으면 상한다

いたんだごはん(傷んだご飯) = 쉰 밥

❷ つかれる(疲れる) 피곤해지다

≪지치다≫

せいかつにつかれる(生活に疲れる) = 생활에 지치다

めがつかれる(目が疲れる) = 눈이 피로해지다

しんしんともにつかれた(心身ともに疲れた) = 심신이 모두 지쳤다

たびにつかれる(旅に疲れる) = 여행으로 지치다

つかれたかお(疲れた顔) = 피로한 얼굴

つかれやすいたち(疲れやすい質) = 쉽게 피로해지는 체질

≪낡아지다≫

つかれたようふく(疲れた洋服) = 낡은 양복

つかれたたはた(疲れた田畑) = 피폐한 논밭

つかれたせんたくき(疲れた洗濯機) = 낡은 세탁기

つかれたあぶら(疲れた油) = (오래되어서) 산화된 기름

❸ めまい(目眩) 현기증 / みみなり(耳鳴り) 이명

めまいがする(目眩がする) = 현기증이 나다

めまいはびょうきのきざし(目眩は病気の兆し) = 현기증은 병의 조짐

みみなりがする(耳鳴りがする) = 이명이 있다

❹ かぜ(風邪) 감기

かぜがはやる(風邪が流行る) = 감기가 유행하다

かぜのけがある(風邪の気がある) = 감기 기운이 있다

かぜをひく(風邪をを引く) = 감기에 걸리다

かぜではつねつする(風邪で発熱する) = 감기로 열이 나다

かぜをわずらう(風邪を患う) = 감기를 앓다

かぜがこじれる(風邪が拗れる) = 감기가 덧나다

かぜがなおる(風邪が治る) = 감기가 낫다

❺ くしゃみ(嚔) 재채기 / はなみず(鼻水) 콧물

くしゃみがでる(嚔が出る) = 재채기가 나오다

つづけざまのくしゃみ(続け様の嚔) = 연달아 하는 재채기

はなみずをたらす(鼻水を垂らす) = 콧물을 흘리다

はなみずをすする(鼻水を啜る) = 콧물을 훌쩍거리다

❻ せき(咳) 기침

せきがでる(咳が出る) = 기침이 나다

ごほんごほんとせきをする(ごほんごほんと咳をする)
= 콜록콜록 기침을 하다

せきがしずまる(咳が鎮まる) = 기침이 진정되다

❼ ふるえる(震える) 떨리다

さむくてふるえる(寒くて震える) = 추워서 떨리다

こえがふるえる(声が震える) = 목소리가 떨리다

みうちがふるえる(身内が震える) = 온몸이 떨리다

ひざががくがくふるえる(膝ががくがく震える) = 무릎이 덜덜 떨리다

❽ さむけ(寒気) 추위 ; 한기

さむけをもよおす(寒気を催す) = 추위를 느끼다
さむけがみにしみる(寒気が身に染みる) = 한기가 몸에 스미다
はだをさすさむけ(肌を刺す寒気) = 살을 에는 추위
さむけがゆるむ(寒気が緩む) = 한기가 가시다

❾ うすらさむい(薄ら寒い) 으스스하다

うすらさむいあさだ(薄ら寒い朝だ) = 으스스 추운 아침이다
うすらさむいよみち(薄ら寒い夜道) = 으스스 추운 밤길
うすらさむいひがつづく(薄ら寒い日が続く)
= 으스스 추운 날이 계속되다

❿ さいきん(細菌) 세균

さいきんせいしっかん(細菌性疾患) = 세균성 질환

さいきんけんさをおこなう(細菌検査を行う) = 세균검사를 하다

さいきんをばいようする(細菌を培養する) = 세균을 배양하다

⓫ うつる(移る) 옮기다

≪전염하다≫

びょうきがうつる(病気が移る) = 병이 옮다

くすりのにおいがうつる(薬の匂いが移る) = 약냄새가 옮다

いろがうつる(色が移る) = 색이 옮다(묻다)

ししょうのくせがうつる(師匠の癖が移る) = 스승의 버릇이 옮다

≪옮기다≫

じんじかにうつる(人事課に移る) = 인사과로 옮기다

ふくおかにうつる(福岡に移る) = 후쿠오카로 옮기다

いちがうつる(位置が移る) = 위치가 바뀌다

≪변하다≫

こころがうつる(心が移る) = 마음이 변하다

かんしんがうつる(関心が移る) = 관심이 딴 데로 옮아가다
ふうぞくがうつる(風俗が移る) = 풍속이 변하다

 kotoba

よこばら(横腹) = 옆구리
ふし(節) = 마디
いちご(苺) = 딸기
たび(旅) = 여행
たち(質) = 체질
たはた(田畑) = 논밭
きざし(兆し) = 조짐

みみなり(耳鳴り) = 이명
くしゃみ(嚔) = 재채기
みうち(身内) = 온몸
しっかん(疾患) = 질환
ばいよう(培養) = 배양
ししょう(師匠) = 스승
ふうぞく(風俗) = 풍속

はやる(流行る) = 행하다
こじれる(拗れる) = 덧나다
たらす(垂らす) = 흘리다

すする(啜る) = 훌쩍거리다
しずまる(鎮まる) = 진정되다
ゆるむ(緩む) = 풀어지다

29 병의 증상 - 2

아파도 남에게 선뜻 말하기 곤란한 치질이나 피부가 짓무르는 가려움증과 같은 병도 있습니다. 사람들이 활동하다보면 발을 헛디뎌서 미끄러지거나 굴러서 다칩니다. 곧 낫는 경우가 많으나 증상이 악화되면 붓고 곪기도 합니다. 뇌사, 실신, 혼수상태, 치매 등으로 병원에 입원하기도 합니다.

❶ じ(痔) 치질

いぼじ(疣痔) = 수치질(밖으로 나온 치질)
じをやむ(痔を病む) = 치질을 앓다

ちがでるじ(血が出る痔) = 피가 나오는 치질

じのざやく(痔の座薬) = 치질의 좌약

❷ ただれる(爛れる) 문드러지다 / かゆい(痒い) 가렵다

きずがただれる(傷が爛れる) = 상처가 짓무르다

こうがいがただれる(口蓋が爛れる) = 입천장이 헐다

あしのこうやあしのゆびがかゆい(足の甲や足の指が痒い)
= 발등과 발가락이 가렵다

かゆいところをかく(痒い所を掻く) = 가려운 곳을 긁다

❸ つまずく(躓く) 발이 걸려 넘어지다(넘어질 듯 비틀거리다)

≪곱드러지다≫

よみちでつまずく(夜道で躓く) = 밤길에서 넘어지다

しきいにつまずく(敷居に躓く) = 문지방에 걸려 넘어질 뻔하다

제29장 병의 증상 - 2   251

≪실패하다≫

じぎょうにつまずく(事業に躓く) = 사업에 실패하다
しょせんでつまずく(緒戦で躓く) = 서전에서 실패하다
じどうもんだいでつまずく(児童問題で躓く)
= 아동문제에서 실패하다

❹ すべる(滑る) 미끄러지다

≪미끄러지다≫

あしがすべる(足が滑る) = 발이 미끄러지다
さかみちですべる(坂道で滑る) = 언덕에서 미끄러지다
てがすべってさらをおとす(手が滑って皿を落とす)
= 손이 미끄러져 접시를 떨어뜨리다
ふねがみずうみをすべる(舟が湖を滑る)
= 배가 호수를 미끄러지듯 나아가다
でんしゃがすべるようにでる(電車が滑るように出る)
= 전철이 미끄러지듯 떠나다
にゅうがくしけんにすべる(入学試験に滑る)
= 입학시험에 미끄러지다

《실언하다》

ついにくちがすべった(ついに口が滑った) = 무심코 입 밖에 내버렸다
うっかりくちをすべらせた(うっかり口を滑らせた)
= 무심코 입을 놀려버렸다
ふでをすべらせた(筆を滑らせた) = 글을 잘못 썼다

❺ ころぶ(転ぶ) 넘어지다

《자빠지다》

すべってころぶ(滑って転ぶ) = 미끄러져 넘어지다
かいだんでころぶ(階段で転ぶ) = 계단에서 넘어지다
ころんでもすぐおきる(転んでも直ぐ起きる) = 넘어져도 금방 일어난다

《절개를 굽히다》

かねにころぶ(金に転ぶ) = 돈에 팔리다
てきがたへころぶ(敵方へ転ぶ) = 적 편으로 돌다

❻ けが(怪我) 부상

けがにんのきゅうじょ(怪我人の救助) = 부상자 구조
こうつうじこでけがをする(交通事故で怪我をする)
= 교통사고로 다치다
かぶにてをだしてけがをした(株に手を出して怪我をした)
= 주식에 손을 댔다 손해를 봤다

❼ きず(傷) 상처

きずをおう(傷を負う) = 상처를 입다
うちみのきず(打ち身の傷) = 타박상
こころのきず(心の傷) = 마음의 상처
かばんにきずがある(鞄に傷がある) = 가방에 흠집이 있다
かめいにきずをおこす(家名に傷を残す) = 가명에 오점을 남기다

❽ こじれる(拗れる) (병) 악화되다

びょうきがこじれる(病気が拗れる) = 병이 덧나다
せいしつがこじれる(性質が拗れる) = 성질이 삐뚤어지다

はなしがこじれる(話が拗れる) = 이야기가 뒤틀리다
ふたりのあいだがこじれる(二人の間が拗れる)
= 두 사람 사이가 뒤틀리다

❾ はれる(腫れる) 붓다 / うむ(膿む) 곪다

へんとうせんがはれる(扁桃腺が腫れる) = 편도선이 붓다
はれがちる(腫れが散る) = 부기가 가라앉다

きずぐちがうむ(傷口が膿む) = 상처가 곪다
うんだところをせっかいする(膿んだ所を切開する) = 곪은 데를 따다

❿ しっしん(失神) 실신 / きぜつ(気絶) 기절

しっしんじょうたい(失神状態) = 실신상태
ひほうにしっしんする(悲報に失神する) = 비보에 실신하다
ちをみてしっしんする(血を見て失神する) = 피를 보고 실신하다

おどろきのあまりきぜつする(驚きのあまり気絶する)
= 놀란 나머지 기절하다

ショックをうけてきぜつする(ショックを受けて気絶する)
= 충격을 받고 기절하다

⓫ のうし(脳死) 뇌사 / **こんすい**(昏睡) 혼수

のうししゃ(脳死者) = 뇌사자
のうしのはんていをうける(脳死の判定を受ける) = 뇌사 판정을 받다

こうねつとこんすい(高熱と昏睡) = 고열과 혼수
こんすいじょうたいにおちいる(昏睡状態に陥る)
= 혼수상태에 빠지다

⓬ ぼける(惚ける) 흐려지다

ぼけたかお(惚けた顔) = 멍청한 얼굴
あたまがぼける(頭が惚ける) = 머리가 흐려지다
やみぼける(病み惚ける) = 앓아서 지각이 흐릿해지다
としのせいでぼける(年の所為で惚ける) = 나이 탓으로 둔해지다

⓭ にんちしょう(認知症) 치매

にんちしょうをわずらう(認知症を患う) = 치매를 앓다
にんちしょうのかいぜん(認知症の改善) = 치매의 개선
じゃくねんにんちしょう(若年認知症)
= 연소형 치매(65세 이하 치매 환자)

⓮ みまう(見舞う) 문안하다

≪위문하다≫

びょうにんをみまう(病人を見舞う) = 환자를 문병하다
おやをみまう(親を見舞う) = 부모를 찾아뵙다

≪닥쳐오다≫

たいふうにみまわれる(台風に見舞われる) = 태풍에 휩쓸리다
さいなんにみまわれる(災難に見舞われる) = 재난을 당하다
ふきょうにみまわれる(不況に見舞われる) = 불황에 시달리다

 **kotoba**

ざやく(座薬) = 좌약

こうがい(口蓋) = 입천장

よみち(夜道) = 밤길

しきい(敷居) = 문지방

さかみち(坂道) = 언덕

みずうみ(湖) = 호수

きゅうじょ(救助) = 구조

へんとうせん(扁桃腺) = 편도선

きずぐち(傷口) = 상처

せっかい(切開) = 절개

ひほう(悲報) = 비보

はんてい(判定) = 판정

こうねつ(高熱) = 고열

ふきょう(不況) = 불황

ただれる(爛れる) = 짓무르다

かく(掻く) = 긁다

おう(負う) = 입다

のこす(残す) = 남기다

ちる(散る) = 흩어지다

おちいる(陥る) = 빠지다

30 질병의 종류

사람이 아무리 체력을 잘 관리해도 병에 걸리면 어쩔 수 없습니다. 이번에는 체력과 질병에 대해 알아보기로 하지요.

❶ 체력(体力) 체중(体重) 신장(身長) 체온(体温)

きそたいりょく(基礎体力) = 기초체력
たいりょくをやしなう(体力を養う) = 체력을 기르다

たいじゅうげんしょう(体重減少) = 체중감소
たいじゅうをはかる(体重を量る) = 몸무게를 달다

ひょうじゅんしんちょう(標準身長) = 표준신장
しんちょうをはかる(身長を測る) = 신장을 재다

たいおんちょうせつ(体温調節) = 체온조절
たいおんがあがる(体温が上がる) = 체온이 오르다

❷ 혈압(血圧) 시력(視力) 청력(聴力)

ていけつあつ(低血圧)とこうけつあつ(高血圧) = 저혈압과 고혈압
こうけつあつをおさえる(高血圧を抑える) = 고혈압을 억제하다

きょうせいしりょく(矯正視力) = 교정시력
しりょくをうしなう(視力を失う) = 시력을 잃다

ちょうりょくけんさ(聴力検査) = 청력검사
ちょうりょくそくてい(聴力測定) = 청력측정

❸ やまい = びょう(病) 병

やまいをえる(病を得る) = 병들다

なんじのやまい(難治の病) = 난치병

ふじのやまい(不治の病) = 불치병

ておもいやまい(手重い病) = 중한 병

しにやまい(死病) = 죽을병

やまいにがする(病に臥する) = 병으로 눕다

やまいにしずむ(病に沈む) = 병에 시달리다

やまいがあらたまる(病が革まる) = 병이 악화되다

やまいとたたかう(病と闘う) = 투병하다

やまいをおさめる(病を治める) = 병을 고치다

やまいがいえる(病が癒える) = 병이 낫다

❖ 여러분들이 알고 있는 병의 종류를 나열하면 다음과 같습니다.

ひふびょう(皮膚病) = 피부병   ふじんびょう(婦人病) = 부인병
いでんびょう(遺伝病) = 유전병   むゆうびょう(夢遊病) = 몽유병
にっしゃびょう(日射病) = 일사병   いちょうびょう(胃腸病) = 위장병

しんぞうびょう(心臓病) = 심장병　　せいしんびょう(精神病) = 정신병
けつゆうびょう(血友病) = 혈우병　　せいじんびょう(成人病) = 성인병
はっけつびょう(白血病) = 백혈병　　しんけいびょう(神経病) = 신경병
かいけつびょう(壊血病) = 괴혈병　　でんせんびょう(伝染病) = 전염병
とうにょうびょう(糖尿病) = 당뇨병　　じんぞうびょう(腎臓病) = 신장병

❖ **병증이 명확하지 않은 병 / 병이라고 부르는 현상**

こいやまい(恋病) = 상사병
つくりやまい(作り病) = 꾀병
せいきびょう(世紀病) = 시대병
きせつびょう(気節病) = 계절병
げつようびょう(月曜病) = 월요병
ふうどびょう(風土病) = 풍토병
ぶんめいびょう(文明病) = 문명병
ろうじんびょう(老人病) = 노인병
まんせいびょう(慢性病) = 만성병
しょくぎょうびょう(職業病) = 직업병
りゅうこうびょう(流行病) = 유행병
せんしんこくびょう(先進国病) = 선진국병

❹ 질병(疾病) 지병(持病)

しっぺいほけん(疾病保険) = 질병보험
しっぺいてあて(疾病手当) = 질병수당
でんせんせいしっぺい(伝染性疾病) = 전염성 질병

じびょうがでる(持病が出る) = 지병이 도지다
じびょうになやむ(持病に悩む) = 지병에 시달리다
じびょうのあっかでじゅしんする(持病の悪化で受診する)
= 지병의 악화로 진찰을 받다

❺ 급성(急性) 만성(慢性) 악성(惡性) 양성(陽性) 음성(陰性)

きゅうせいしっかんをわずらう(急性疾患を患う) = 급성질환을 앓다
まんせいてきなびょうじょう(慢性的な病状) = 만성적인 병상
あくせいしゅよう(惡性腫瘍) = 악성종양

ようせいてんい(陽性転移) = 양성전이
いんせいはんのう(陰性反応) = 음성반응

❻ 유행성(流行性) 전염병(傳染病) 천연두(天然痘)

りゅうこうせいかんぼう(流行性感冒) = 유행성 감기
りゅうこうせいのうえん(流行性脳炎) = 유행성 뇌염

きゅうせいでんせんびょう(急性伝染病) = 급성전염병
すいいんせいでんせんびょう(水因性伝染病) = 수인성 전염병

てんねんとうをやむ(天然痘を病む) = 천연두를 앓다
てんねんとうをこんぜつする(天然痘を根絶する) = 천연두를 근절하다

❼ 폐렴(肺炎) 결핵(結核) 암(癌)

ぜんそくとはいえん(喘息と肺炎) = 천식과 폐렴
はいえんをみぜんにふせぐ(肺炎を未然に防ぐ)
= 폐렴을 미연에 방지하다

けっかくのぜんれき(結核の前歴) = 결핵을 앓은 전력
けっかくりょうようじょ(結核療養所) = 결핵요양소

がんをせんこくされる(癌を宣告される) = 암을 선고받다

がんさいぼうがてんいする(癌細胞が転移する) = 간세포가 전이하다
がんをそうきにはっけんする(癌を早期に発見する)
= 암을 조기에 발견하다
いがんのかぞくれきがある(胃癌の家族歴がある)
= 위암의 가족력이 있다

❽ 경상(軽傷) 중상(重傷) 염좌(捻挫) 염증(炎症)

けいしょうをうける(軽傷を受ける) = 경상을 입다
けいしょうですむ(軽傷で済む) = 경상에 그치다

ちめいてきなじゅうしょう(致命的な重傷) = 치명적인 중상
さいきふのうのじゅうしょう(再起不能の重傷) = 재기불능의 중상

かんせつのねんざ(関節の捻挫) = 관절이 삐끗함
あしくびをねんざする(足首を捻挫する) = 발목을 삐다

えんしょうをおこす(炎症を起こす) = 염증을 일으키다
えんしょうがしょうたいした(炎症が消退した) = 염증이 없어졌다

제30장 질병의 종류

❾ 치통(歯痛) 두통(頭痛) 복통(腹痛)

しつうのくすり(歯痛の薬) = 치통 약
しつうがする(歯痛がする) = 치통이 나다
しつうがおさまる(歯痛が治まる) = 치통이 가라앉다

ずつうになやむ(頭痛に悩む) = 두통으로 고생하다
ずつうをこらえる(頭痛を堪える) = 두통을 견디다
ずつうがなおる(頭痛が直る) = 두통이 낫다

ふくつうをうったえる(腹痛を訴える) = 복통을 호소하다
たえがたいふくつう(耐え難い腹痛) = 견디기 어려운 복통

❿ 임신(妊娠) 출산(出産) 중독(中毒) 위독(危篤)

らんかんにんしん(卵管妊娠) = 난관임신
にんしんちゅうぜつ(妊娠中絶) = 임신중절

ふたごをしゅっさんする(双子を出産する) = 쌍둥이를 출산하다
しゅっさんいわい(出産祝い) = 출산 축하

まやくちゅうどく(麻薬中毒) = 마약중독

やくぶつちゅうどく(薬物中毒) = 약물중독

きとくのほう(危篤の報) = 위독하다는 통지

きとくにおちいる(危篤に陥る) = 위독한 상태에 빠지다

 *kotoba*

てあて(手当) = 수당
でんせん(伝染) = 전염
じゅしん(受診) = 수진
きゅうせい(急性) = 급성
まんせい(慢性) = 만성
いんせい(陰性) = 음성

こんぜつ(根絶) = 근절
さいぼう(細胞) = 세포
てんい(転移) = 전이
そうき(早期) = 조기
ふたご(双子) = 쌍둥이
まやく(麻薬) = 마약

やしなう(養う) = 기르다
はかる(量る) = 측정하다
しずむ(沈む) = 잠기다
いえる(癒える) = 낫다
なやむ(悩む) = 시달리다

すむ(済む) = 그치다
こらえる(堪える) = 견디다
うったえる(訴える) = 호소하다
たえる(耐える) = 견디다
おちいる(陥る) = 빠지다

31

의료 ✣ 병원 ✣ 약품

의료 · 병원 · 의약품에 대해 알아봅니다.

❶ 의학(医学) 의료(医療) 검진(検診) 검사(検査)

かていいがくとかんぽういがく(家庭医学と漢方医学)
= 가정의학과 한방의학
いがくちしきがゆきわたる(医学知識が行渡る)
= 의학지식이 널리 보급되다

いりょうきかん(医療機関) = 의료기관

いりょうかご(医療過誤) = 의료사고
けんしんをうける(検診を受ける) = 검진을 받다
ていきしゅうだんけんしん(定期集団検診) = 정기집단검진

しりょくけんさひょう(視力検査表) = 시력검사표
けつえきがたをけんさする(血液型を検査する) = 혈액형을 검사하다

❷ 위생(衛生) 면역(免疫) 세균(細菌) 현미경(顕微鏡)

えいせいかんねん(衛生観念) = 위생관념
こうしゅうえいせい(公衆衛生) = 공중위생

めんえきりょうほう(免疫療法) = 면역요법
じこめんえきしっかん(自己免疫疾患) = 자기면역질환

さいきんばいよう(細菌培養) = 세균배양
ちょうないさいきん(腸内細菌) = 장내세균

こうがくけんびきょう(光学顕微鏡) = 광학현미경
けんびきょうをのぞく(顕微鏡を覗く) = 현미경을 들여다보다

❸ 초진(初診) 왕진(往診) 외래(外来) 통원(通院) 입원(入院) 퇴원(退院)

しょしんりょう(初診料) = 초진료
おうしんにいく(往診に行く) = 왕진을 가다

がいらいかんじゃ(外来患者) = 외래환자
つういんちりょう(通院治療) = 통원치료

にゅういんかりょうをようする(入院加療を要する)
= 입원 가료를 요한다
かんちしてたいいんする(完治して退院する) = 완치되어 퇴원하다

❹ 진찰(診察) 진단서(診断書) 처방전(処方箋) 주사(注射)

かんじゃをしんさつする(患者を診察する) = 환자를 진찰하다
いしゃにしんさつしてもらう(医者に診察して貰う)
= 의사에게 진찰받다

しんだんしょさんつう(診断書三通) = 진단서 3통

いしゃのしょほうせん(医者の処方箋) = 의사의 처방전

しごのしょほうせん(死後の処方箋) = 사후 약방문

ちゅうしゃをうつ(注射を打つ) = 주사를 놓다
てんてきちゅうしゃ(点滴注射) = 점적 주사

❺ 마취(麻醉) 수술(手術) 간호(看護) 치료(治療) 치유(治癒)

ぜんしんますい(全身麻酔) = 전신마취
ますいがさめる(麻酔が覚める) = 마취가 깨다

しゅじゅつにのぞむ(手術に臨む) = 수술에 임하다
かいふくしゅじゅつをうける(開腹手術を受ける) = 개복수술을 받다

つきそいかんごふ(付添い看護婦)
= 환자의 곁에서 시중드는 전담(딸린) 간호사
てあついかんごをうける(手厚い看護を受ける) = 극진한 간호를 받다

よぼうはちりょうにまさる(予防は治療に勝る)
= 예방은 치료보다 낫다
えんめいちりょうのさしひかえ(延命治療の差し控え)
= 연명 치료의 보류

ちゆのみこみがない(治癒の見込みがない) = 치유의 가망이 없다
ちゆをいのる(治癒を祈る) = 치유를 빌다

❻ 침술(鍼術) 침[鍼] 뜸[灸] 한방약(漢方薬)

しんじゅつでしんけいつうをなおす(鍼術で神経痛を治す)
= 침술로 신경통을 치료하다
はりでちりょうするしんじゅつ(鍼で治療する鍼術)
= 침으로 치료하는 침술

あしくびにはりをうつ(足首に鍼を打つ) = 발목에 침을 놓다
はりがうまい(鍼が巧い) = 침술이 용하다

きゅうじゅつ(灸術) = 뜸으로 다스리는 의술
きゅうをすえる(灸を据える) = 뜸을 뜨다
きゅうのききところ(灸の効き所) = 뜸에 효험이 있는 부위

かんぽうい(漢方医) = 한의사
かんぽうやくのしょほう(漢方薬の処方) = 한방약의 처방
かんぽうやくをせんじる(漢方薬を煎じる) = 한방약을 달이다
かんぽうやくをないようする(漢方薬を内用する) = 한방약을 복용하다

❼ 병원(病院) 환자(患者) 전문의(專門医) 내과(内科) 외과(外科)

びょういんにかよう(病院に通う) = 병원에 다니다
びょういんにかつぎこまれる(病院に担ぎ込まれる)
= 병원으로 실려가다

おうきゅうかんじゃ(応急患者) = 응급환자
あいしつのかんじゃ(相室の患者) = 같은 병실의 환자
かんじゃのいのちをたすける(患者の命を助ける)
= 환자의 목숨을 구하다

せんもんいにかかる(專門医に掛かる) = 전문의에게 진찰받다
ないかせんもんい(内科專門医) = 내과 전문의
げかびょうとう(外科病棟) = 외과병동

❖ 내과와 외과 이외의 전문 의료분야를 알아볼까요?

せいけいげか(整形外科) = 정형외과   ひふか(皮膚科) = 피부과
けいせいげか(形成外科) = 성형외과   がんか(眼科) = 안과
じびいんこうか(耳鼻咽喉科) = 이비인후과   しか(歯科) = 치과
しょうにか(小児科) = 소아과   ほうしゃせんか(放射線科) = 방사선과
しんけいか(神経科) = 신경과   さんふじんか(産婦人科) = 산부인과
せいしんか(精神科) = 정신과   ひにょうきか(泌尿器科) = 비뇨기과

❽ 약(薬) 정제(錠剤) 가루약[粉薬] 과립(顆粒) 연고(軟膏) 좌약(座薬)

くすりをのむ(薬を飲む) = 약을 먹다
くすりひとふくろ(薬一袋) = 약 한 봉
くすりがよくきく(薬が良く利く) = 약이 잘 듣다
ききめのはやいくすり(効き目の早い薬) = 효험이 빠른 약
ふくさようのないくすり(副作用のない薬) = 부작용이 없는 약

きずぐちにくすりをぬる(傷口に薬を塗る) = 상처에 약을 바르다

くすりをすりこむ(薬を擦込む) = 약을 문질러 바르다

さんやくとじょうざい(散薬と錠剤) = 가루약과 정제
じょうざいがのみやすい(錠剤が飲みやすい) = 정제가 먹기 쉽다

こなぐすりをいっぷくのむ(粉薬を一服飲む) = 가루약 한 봉지를 먹다
かりゅうじょうのかぜぐすり(顆粒状の風邪薬) = 과립 형태의 감기약

なんこうをすりこむ(軟膏を擦込む) = 연고를 문질러 바르다
ざやくをそうにゅうする(座薬を挿入する) = 좌약을 삽입하다
じのざやく(痔の座薬) = 치질의 좌약

❖ 여러분이 알고 있는 약의 종류를 알아볼까요?

えいようざい(栄養剤) = 영양제　　ちんつうざい(鎮痛剤) = 진통제
げねつざい(解熱剤) = 해열제　　すいみんざい(睡眠剤) = 수면제
しょうかざい(消化剤) = 소화제　　こうがんざい(抗癌剤) = 항암제
かんぽうやく(漢方薬) = 한방약　　かぜぐすり(風邪薬) = 감기약
げりどめ(下痢止め) = 지사제

 **kotoba**

かんぽう(漢方) = 한방
ちしき(知識) = 지식
きかん(機関) = 기관
かんねん(観念) = 관념
こうしゅう(公衆) = 공중
めんえき(免疫) = 면역

しんさつ(診察) = 진찰
よぼう(予防) = 예방
えんめい(延命) = 연명
こなぐすり(粉薬) = 가루약
かりゅう(顆粒) = 과립
なんこう(軟膏) = 연고

さめる(覚める) = 깨다
ゆきわたる(行渡る) = 보급되다
のぞむ(臨む) = 임하다
なおす(治す) = 치료하다

すえる(据える) = 설치하다
せんじる(煎じる) = 달이다
すりこむ(擦込む)
 = 문질러 바르다

32

의식주 탐구 - 1

몸을 보호하려면 옷을 입어야 합니다. 사람이 몸에 걸치는 것 이외에 발이나 머리를 감싸거나 보호하는 것, 화장하거나 치장하는 것 등도 의생활의 연장이라고 할 수 있을 것입니다.

❶ 옷은 いふく(衣服) 또는 きもの(着物)라고 합니다. 그런데 きもの는 일본의 전통 의상을 이르는 말이기도 합니다. 옷은 용도에 따라 정장, 평상복, 나들이옷 등의 명칭이 있습니다.

いふくをまとう(衣服を纏う) = 옷을 걸치다
いふくをきせる(衣服を着せる) = 옷을 입히다

いふくのたけがみじかい(衣服の丈が短い) = 옷의 기장이 짧다

きものをきる(着物を着る) = 옷을 입다

きものをぬぐ(着物を脱ぐ) = 옷을 벗다

きものをたたむ(着物を畳む) = 옷을 개다

きものをきがえる(着物を着替える) = 옷을 갈아입다

しょうがつにはきものをきる(正月には着物を着る)
= 설에는 일본 옷을 입는다

ようふくよりきものがにあう(洋服より着物が似合う)
= 양복보다 일본 옷이 어울리다

❷ 일상복으로 입는 양복은 ようふく(洋服)라고 하고, 저고리, 조끼, 바지로 이루어진 신사복 정장을 せびろ(背広)라고 합니다. 겨울에 양복 위에다 입는 외투는 がいとう(外套)라고 합니다.

ようふくすがた(洋服姿) = 양복 차림

できあいのようふく(出来合の洋服) = 기성복(이미 완성되어 있는 것)

あつらえのようふく(誂の洋服) = 맞춤 양복

せびろをしんちょうする(背広を新調する) = 신사복을 새로 맞추다

せびろじょうげ(背広上下) = 신사복 한 벌

せびろをきつける(背広を着付ける) = 신사복을 입어버릇하다
がいとうをきる(外套を着る) = 외투를 입다
けうらのがいとう(毛裏の外套) = 안에 털을 댄 외투

❸ 옷차림은 みなり(身形), よそおい(装い), ふくそう(服装) 등을 말합니다.

みなりをととのえる(身形を整える) = 옷차림을 갖추다
みなりをかまわない(身形を構わない) = 옷차림에 무관심하다

なつのよそおい(夏の装い) = 여름 옷차림
みがるなよそおい(身軽な装い) = 가벼운 옷차림
よそおいをあらためる(装いを改める) = 옷매무새를 가다듬다

かんたんなふくそう(簡単な服装) = 간단한 복장
いようなふくそう(異様な服装) = 색다른 복장
めだつふくそう(目立つ服装) = 남의 눈에 띄는 복장

❹ 옷에는 겉옷이 있고 속옷이 있습니다. 수영복이 있고 비옷이 있습니다. 참고로 우리말에서는 '上'과 '下'는 '위'와 '아래'라는 뜻으로 쓰

이는데, 일본에서는 '위'와 '아래'라는 뜻과 함께 '겉'과 '속'이라는 뜻으로 쓰인다는 점을 기억해 두기 바랍니다. 예를 들어 うわぎ(上着)는 쓰임새에 따라 '윗옷'도 되고 '겉옷'도 됩니다.

あせがうわぎまでしみる(汗が上着まで染みる) = 땀이 겉옷까지 배다
うわぎをぬぐ(上着を脱ぐ) = 겉옷을 벗다

せびろのうわぎ(背広の上着) = 신사복의 상의
うわぎをいすにひっかける(上着を椅子に引っ掛ける)
= 상의를 의자에 걸치다

ふゆもののしたぎ(冬物の下着) = 겨울 내의
なかにしたぎをきる(中に下着を着る) = 속에 내의를 입다

❺ 옷의 종류는 다양합니다. 예전에 일본 남자들은 **はおり**(羽織)와 **はかま**(袴)를 입었습니다. 하오리는 겉에 입는 짧은 일본 전통의 윗옷이고, 하카마는 주름이 잡힌 하의입니다. 여자들은 **きもの**(着物)에 **おび**(帯)라는 화려한 허리띠를 둘렀습니다. 더운 여름이나 목욕 후에는 **ゆかた**(浴衣)라는 무명 홑옷을 입었습니다.

わたいれはおり(綿入れ羽織) = 솜을 둔 하오리

こもんのはおり(小紋の羽織) = 자잘한 무늬가 있는 하오리

もんつきのはおり(紋付きの羽織) = 가문의 문장을 박아 넣은 하오리

はかまをうがつ(袴を穿つ) = 하카마를 입다

うらつけはかま(裏付け袴) = 안감이 있는 하카마

おびをむすぶ(帯を結ぶ) = 허리띠를 매다

おびをとく(帯を解く) = 허리띠를 풀다(여자가 몸을 허락하다)

しへいをおびでたばねる(紙幣を帯で束ねる) = 지폐를 띠지로 묶다

のりけのないゆかた(糊気のない浴衣) = 풀기가 없는 유카타

ゆかたになってくつろぐ(浴衣になって寛ぐ)
= 유카타 차림으로 느긋하게 쉬다

❻ 그밖에 잠옷, 수영복, 비옷 등이 있습니다. 잠옷을 ねまき(寝間着)라고 하는데, '寝間'는 침실이라는 뜻. 그러니까 '寝間着'는 글자 그대로 침실에서 입는 옷.

ねまきようのガウン(寝間着用のガウン) = 잠옷용 가운

ねまきにきがえる(寝間着に着替える) = 잠옷으로 갈아입다

水着ショー(水着ショー) = 수영복 쇼
りゅうこうのみずぎ(流行の水着) = 유행하는 수영복

あまぎとながぐつ(雨着と長靴) = 비옷과 장화
いふくのうえにあまぎをきる(衣服の上に雨着を着る)
= 의복 위에 비옷을 입다

❼ 옷의 각 부분에는 えり(襟) = 옷깃, そで(袖) = 소매, ふところ(懐) = 호주머니 등과 같은 명칭이 있습니다.

えりをただす(襟を正す) = 옷깃을 여미다
えりをたてる(襟を立てる) = 옷깃을 세우다

そでをつける(袖を付ける) = 소매를 달다
ながそで(長袖) = 긴소매
はんそで(半袖) = 반소매
そでなし(袖無し) = 민소매

かねがふところにはいる(金が懐に入る) = 돈이 호주머니에 들어오다
ふところぐあいがいい(懐具合が良い) = 주머니 사정이 좋다

❽ 옷의 재료에는 ぬの(布) = 천, めん(綿) = 면, きぬ(絹) = 비단, おりもの(織物) = 직물, あみもの(編物) = 편물 등이 있습니다.

ておりのぬの(手織りの布) = 손으로 짠 천
ぬのをあいでそめる(布を藍で染める) = 천을 쪽으로 물들이다

めんおりもの(綿織物) = 면직물
めんともうのまぜおり(綿と毛の交ぜ織り) = 면과 모의 혼방

きぬをおる(絹を織る) = 비단을 짜다
きぬのようなはだざわり(絹のような肌触り) = 비단과 같은 촉감

めんおりもの(綿織物) = 면직물
けおりもの(毛織物) = 모직물
おりものこうじょう(織物工場) = 직조공장

あみもののはり(編物の針) = 뜨개질바늘
けいとであみものをする(毛糸で編物をする) = 털실로 뜨개질하다

❾ 발을 감싸거나 보호하기 위해 양말이나 버선을 신고 그 위에 신발을 신습니다. 신발은 くつ(靴)라고 하는데, くつ는 모양새에 따라 신발

또는 구두라는 뜻으로 이해하면 됩니다. 나막신도 있습니다. 손에는 장갑을 낍니다. 머리에는 모자를 씁니다.

もめんのくつした(木綿の靴下) = 면양말
ふゆようのくつした(冬用の靴下) = 겨울 양말
くつしたにそく(靴下二足) = 양말 두 켤레
くつしたがきれる(靴下が切れる) = 양말이 닳아 해지다
くつしたにあながあく(靴下に穴が開く) = 양말에 구멍이 뚫어지다

たび(足袋) = 일본식 버선
うわたび(上足袋) = 덧버선

ゴムくつ(ゴム靴) = 고무신
うんどうぐつ(運動靴) = 운동화
とざんぐつ(登山靴) = 등산화
ぼうかんぐつ(防寒靴) = 방한화
くつをみがく(靴を磨く) = 구두를 닦다
あしになれたくつ(足に慣れた靴) = 신어서 길들여진 신
かかとのたかいくつ(踵の高い靴) = 굽이 높은 구두
くつがぴかぴかひかる(靴がぴかぴか光る) = 구두가 빤짝빤짝 빛나다

げたをひっかけてでる(下駄を引っ掛けて出る)

= 왜 나막신을 끌고 나오다

げたのおとがうるさい(下駄の音が煩い) = 왜 나막신 소리가 요란하다

かわてぶくろ(皮手袋) = 가죽장갑

ゴムてぶくろ(ゴム手袋) = 고무장갑

てぶくろをはめる(手袋を填める) = 장갑을 끼다

ぼうしをかぶる(帽子を被る) = 모자를 쓰다

ぼうしをとる(帽子を取る) = 모자를 벗다

むぎわらぼうし(麦藁帽子) = 밀짚모자

ふちのついたぼうし(縁の付いた帽子) = 테두리가 달린 모자

❿ 옛날에는 보자기에 물건을 쌌는데, 요즈음에는 가방에 담아 이동합니다. 옛사람들은 きんちゃく(巾着)라는 돈주머니를 소매 안에 넣고 다녔습니다. 그래서 巾着를 터는 '꾼'을 소매치기라고 했습니다. 요즈음에는 지갑을 이용하지요.

ふろしきにつつむ(風呂敷に包む) = 보자기에 싸다

ふろしきをひろげてみる(風呂敷を広げて見る) = 보자기를 펴 보다

しょるいかばん(書類鞄) = 서류 가방

つかいふるしたかばん(使い古した鞄) = 오래 써서 낡은 가방

きんちゃくをさげる(巾着を下げる) = 주머니를 차다
きんちゃくきり(巾着切り) = 소매치기

ごうひのさいふ(合皮の財布) = 인조 가죽 지갑
さいふをおとす(財布を落とす) = 지갑을 잃어버리다
さいふがからっぽだ(財布が空っぽだ) = 지갑이 텅텅 비다
さいふがあたたかいひと(財布が暖かい人) = 지갑이 두둑한 사람

❶ 사람들은 몸을 단장합니다. 남성은 면도를 하는 것으로 하루를 시작합니다. 면도와 면도기는 같은 뜻으로 쓰임. 향수를 뿌리는 사람도 많지요. 여성은 립스틱과 화장품으로 화장을 합니다. 반지, 귀고리, 목걸이 등은 몸을 치장하는 가장 기본적인 사치품입니다.

きょうはひげそりをしてない(今日は髭剃りをしてない)
= 오늘은 면도를 하지 않다
コンビニでひげそりをかう(コンビニで髭剃りを買う)
= 편의점에서 면도기를 사다

こうすいをかける(香水を掛ける) = 향수를 뿌리다

こうすいをにおう(香水を匂う) = 향수 냄새를 풍기다
つよいこうすいのかおり(強い香水の香り) = 진한 향수 냄새

くちべにをさす(口紅を差す) = 립스틱을 바르다
くちべにをこいめにさす(口紅を濃いめに差す)
= 립스틱을 약간 짙게 바르다

げしょうをほどこす(化粧を施す) = 화장을 하다
げしょうをなおす(化粧を直す) = 화장을 고치다
げしょうをおとす(化粧を落とす) = 화장을 지우다
うすげしょう(薄化粧)とあつげしょう(厚化粧)
= 엷은 화장과 짙은 화장

ゆびわをはめる(指輪を填める) = 반지를 끼다
ゆびわをはずす(指輪を外す) = 반지를 빼다
さんもんめのきんのゆびわ(三匁の金の指輪) = 세 돈짜리 금반지

しんじゅのみみかざり(真珠の耳飾り) = 진주 귀고리
じゅんきんのくびかざり(純金の首飾り) = 순금 목걸이

kotoba

たけ(丈) = 기장
あつらえ(誂) = 맞춤
みなり(身形) = 옷차림
よそおい(装い) = 옷차림
のりけ(糊気) = 풀기
あい(藍) = 쪽
おりもの(織物) = 직물
きぬ(絹) = 비단

はだざわり(肌触り) = 촉감
けいと(毛糸) = 털실
ふゆよう(冬用) 겨울용
たび(足袋) = 버선
むぎわら(麦藁) = 밀짚
ふち(縁) = 테두리
ふろしき(風呂敷) = 보자기
ひげそり(髭剃り) = 면도

まとう(纏う) = 걸치다
たたむ(畳む) = 개다
うがつ(穿つ) = 입다
たばねる(束ねる) = 묶다
くつろぐ(寛ぐ)
 = 느긋하게 쉬다
ただす(正す) = 바로하다

おる(織る) = 짜다
みがく(磨く) = 닦다
はめる(填める) = 끼다
かぶる(被る) = 쓰다
つつむ(包む) = 싸다
ほどこす(施す) = 시행하다
なおす(直す) = 고치다

33

의식주 탐구 - 2

　일본의 식생활은 우리와 거의 비슷합니다. 주로 쌀과 곡물로 밥을 해서 먹습니다. 즐겨 먹는 고기, 생선, 채소 등의 종류도 우리와 비슷합니다. 하지만 우리보다 생선을 즐겨 먹습니다. 가공식품, 유제품, 조미료, 향신료 등도 우리와 비슷합니다. 다만 상차림이 우리와 다릅니다. 우리는 밥과 국을 중심으로 많은 종류의 반찬을 늘어놓지만, 일본인은 밥, 국, 메인 요리에 반찬은 한두 가지로 상을 차립니다.

❶ めし(飯) 밥

≪밥≫

こめのめし(米の飯) = 쌀밥

むぎめし(麦飯) = 보리밥

まぜめし(混ぜ飯) = 잡곡밥

すめし(素飯) = 맨밥

めしぢゃわん(飯茶碗) = 밥공기

めしじゃくし(飯杓子) = 밥주걱

めしをたく(飯を炊く) = 밥을 짓다

めしをむらす(飯を蒸らす) = 밥을 뜸들이다

めしをもる(飯を盛る) = 밥을 푸다

≪식사≫

めしのじかん(飯の時間) = 식사 시간

あさめし(朝飯) = 아침 식사

めしのしたくをする(飯の支度をする) = 식사 준비를 하다

ひにさんどのめし(日に三度の飯) = 하루 세끼의 식사

めしにはぐれる(飯に逸れる) = 끼니때를 놓치다

≪관용구≫

ぐんたいのめしをくう(軍隊の飯を食う) = 군대 생활을 하다
おなじかまのめしをくう(同じ釜の飯を食う) = 한솥밥을 먹다
めしのくいあげになる(飯の食い上になる) = 실직자가 되다
むだめしをくう(無駄飯を食う) = 놀고먹다

❷ しる(汁) 국 ; 즙

≪즙 ; 물≫

ぶどうのしる(葡萄の汁) = 포도즙
しるのおおいくだもの(汁の多い果物) = 물이 많은 과일
りんごのしるをしぼる(林檎の汁を絞る) = 사과즙을 짜다

≪국물≫

しるのみ(汁の実) = 국건더기
みそしる(味噌汁) = 된장국
こいしる(濃い汁) = 걸쭉한 국
しるをすう(汁を吸う) = 국물을 마시다

しるにしおをくわえる(汁に塩を加える) = 국에 소금을 치다

❸ 식사나 음주 습관에 관련된 용어를 살펴볼까요? たべもの(食べ物) = 음식, たべすぎ(食べ過ぎ) = 과식, のみすぎ(飲み過ぎ) = 과음, おおぐい(大食い) = 많이 먹음(대식가), しょうしょく(小食) = 소식, だんじき(断食) = 단식

くちにあわないたべもの(口に合わない食べ物) = 입에 안 맞는 음식
たべものにむずかしい(食べ物に難しい) = 음식에 까다롭다

よくばってたべすぎる(欲張って食べ過ぎる) = 욕심을 부려 과식하다
たべすぎはきんもつ(食べ過ぎは禁物) = 과식은 금물

さけをのみすぎる(酒を飲み過ぎる) = 술을 과음하다
のみすぎはからだにさわる(飲み過ぎは体に障る)
= 과음은 몸에 해롭다

おおぐいたいかい(大食い大会) = 많이 먹기 대회
やせのおおぐい(痩の大食い) = 마른 사람이 오히려 더 먹음

しょうしょくのひと(小食の人) = 소식가

だんじきりょうほう(断食療法) = 단식요법

❹ 일본은 다양한 외식문화가 발달했습니다. 기본적으로 알아야 할 용어를 살펴볼까요?

わしょくせんもんてん(和食専門店) = 일본요리 전문점
ようしょくのたべかた(洋食の食べ方) = 양식 먹는 법
ひがわりのていしょく(日替わりの定食) = 날마다 바뀌는 정식
こんだてひょう(献立表) = 식단표
おおもり(大盛り) = 곱빼기
さしみとすし(刺身と寿司) = 생선회와 초밥
ぎゅうどん(牛丼) = 쇠고기덮밥
てんどん(天丼) = 튀김덮밥
やたい(屋台) = 노점(포장마차)
いざかや(居酒屋) = 선술집
すしや(寿司屋) = 초밥집
そばや(蕎麦屋) = 메밀국수집
きっさてん(喫茶店) = 찻집
のみや(飲み屋) = 술집
ひようはわりかんにする(費用は割り勘にする)
= 비용은 각자 부담으로 하다

❺ 요리와 조리법

なべもの(鍋物) = 냄비 요리

にもの(煮物) = 끓인 요리

すのもの(酢の物) = 식초를 친 요리

にざかなとつくだに(煮魚と佃煮) = 생선조림과 장조림

みじんぎり(微塵切り) = 잘게 썲

ぶつぎり(ぶつ切り) = 토막 침

せんぎり(千切り) = 채침

むく(剝く) = 껍질을 벗기다

おろす(卸す) = 강판에 갈다

むす(蒸す) = 찌다

ゆがく(湯掻く) = 데치다

ゆでる(茹でる) = 삶다

あたためる(暖める) = 데우다

にる(煮る) = 끓이다

につける(煮付ける) = 조리다

いためる(炒める) / いためもの(炒め物) = 볶다 / 볶음

やく(焼く) / やきもの(焼き物) = 굽다 / 구이

あげる(揚げる) / あげもの(揚げ物) = 튀기다 / 튀김

❻ 맛과 관련된 용어

くいけ(食い気) = 입맛

しおかげんをみる(塩加減を見る) = 간을 보다

しおかげんがうすい(塩加減が薄い) = 간이 싱겁다

おいしい(美味しい) = 맛있다

あぶらっこい(脂っこい) = 느끼하다

こうばしい(芳ばしい) = 향기롭다

ふうみがよい(風味が良い) = 구수하다

なまぐさい(生臭い) = 비리다

あまい(甘い) / あまみ(甘味) = 달다 / 단맛

にがい(苦い) / にがみ(苦味) = 쓰다 / 쓴맛

しぶい(渋い) / しぶみ(渋味) = 떫다 / 떫은 맛

すっぱい(酸っぱい) / さんみ(酸味) = 시다 / 신맛

からい(辛い) / からみ(辛味) = 맵다 / 매운 맛

しおからい(塩辛い) / しおからいあじ(塩辛い味) = 짜다 / 짠 맛

❼ 조미료와 향신료

あわせちょうみりょう(合わせ調味料) = 양념

さとうとしお(砂糖と塩) = 설탕과 소금

しょうゆとす(醬油と酢) = 간장과 초
みそととうがらしみそ(味噌と唐辛子味噌) = 된장과 고추장
ごまとあぶら(胡麻と油) = 참깨와 기름

こしょうととうがらしこ(胡椒と唐辛子粉) = 후추와 고춧가루
からしとわさび(芥子と山葵) = 겨자와 고추냉이
さんしょうとしちみ(山椒と七味) = 산초와 칠미

(일곱가지 맛을 내는 조미료)

❽ 일본인이 많이 먹는 생선과 조개의 종류

まぐろとかつお(鮪と鰹) = 참치와 가다랑어
たいとぶり(鯛と鰤) = 도미와 방어
さけとたら(鮭と鱈) = 연어와 대구
さばとさんま(鯖と秋刀魚) = 고등어와 꽁치
にしんといわし(鰊と鰯) = 청어와 정어리
うなぎとあなご(鰻と穴子) = 뱀장어와 바다장어
ひらめとかれい(鮃と鰈) = 넙치와 가자미
くじらとえび(鯨と蝦) = 고래와 새우
たこといか(蛸と烏賊) = 문어와 오징어
かにとうに(蟹と海胆) = 게와 성게

こいとすずき(鯉と鱸) = 잉어와 농어

ますとあゆ(鱒と鮎) = 송어와 은어

はまぐりとあさり(蛤と鯏) = 대합과 모시조개

あかがいととりがい(赤貝と鳥貝) = 새고막과 새조개

さざえとあわび(栄螺と鮑) = 소라와 전복

かきとしじみ(牡蠣と蜆) = 굴과 바지락

❾ 일본인이 많이 먹는 채소와 과일의 종류

だいこんとはくさい(大根と白菜) = 무와 배추

きゅうりとなす(胡瓜と茄子) = 오이와 가지

かぼちゃとにんじん(南瓜と人参) = 호박과 당근

じゃがいもとさつまいも(馬鈴薯と薩摩芋) = 감자와 고구마

ねぎとたまねぎ(葱と玉葱) = 파와 양파

にらとほうれんそう(韮と菠薐草) = 부추와 시금치

れんこんとごぼう(蓮根と牛蒡) = 연근과 우엉

たけのことさといも(筍と里芋) = 죽순과 토란

にんにくとしょうが(大蒜と生姜) = 마늘과 생강

ちしゃとせり(萵苣と芹) = 상치와 미나리

りんごとなし(林檎と梨) = 사과와 배

ももとかき(桃と柿) = 복숭아와 감

みかんとぶどう(蜜柑と葡萄) = 귤과 포도

すいかとまくわうり(西瓜と真桑瓜) = 수박과 참외

いちごとさくらんぼ(苺と桜桃) = 딸기와 체리

うめとざくろ(梅と柘榴) = 매실과 석류

くるみとまつのみ(胡桃と松の実) = 호두와 잣

 *kotoba*

したく(支度) = 준비
だんじき(断食) = 단식
りょうほう(療法) = 요법
わしょく(和食) = 일본요리

ていしょく(定食) = 정식
こんだて(献立) = 식단
おおもり(大盛り) = 곱빼기
わりかん(割り勘) = 각자 부담

まぜる(混ぜる) = 섞다
たく(炊く) = 짓다
むらす(蒸らす) = 뜸들이다
もる(盛る) = 푸다
しぼる(絞る) = 짜다

くわえる(加える) = 가하다
よくばる(欲張る) = 탐내다
さわる(障る) = 해롭다
にる(煮る) = 끓이다
あわせる(合わせる) = 모으다

34

의식주 탐구 - 3

집은 사람이 생활하는 공간입니다. 일본인의 집 또한 우리나라와 비슷합니다. 먼저 집의 구조와 명칭을 알아봅시다. 그리고 거실, 방, 침실, 세면실, 식당, 부엌 등으로 나누어 그곳에서 일본인이 생활하는 데 필요한 집기나 물품들을 알아봅시다.

❶ 집의 종류에는 단독주택, 맨션, 연립주택, 사택, 기숙사 등이 있습니다. 주택은 구조나 소유 형태에 따라 단층집, 이층집, 자가, 셋집 등이 있습니다. 예전에는 셋방을 얻어서 자취를 하는 학생들이 많았습니다.

いえをたてる(家を建てる) = 집을 짓다

わたしのすんでいたいえ(私の住んでいた家) = 내가 살던 집

いっこだてのいえ(一戸建ての家) = 단독 주택

マンションをぶんじょうする(マンションを分譲する)
= 아파트를 분양하다

アパートをかりる(アパートを借りる) = 연립주택을 세내다

❖ 참고로 일본에서는 우리나라의 아파트를 맨션, 연립주택을 아파트라고 함.

しゃいんはしゃたくにすむ(社員は社宅に住む) = 사원은 사택에 산다

だいがくのりょうにはいる(大学の寮に入る)
= 대학의 기숙사에 들어가다

もくぞうのひらや(木造の平屋) = 목조의 단층집

にかいだてのじゅうたく(二階建ての住宅) = 이층집

もちいえをてばなす(持ち家を手放す) = 자기 소유의 집을 처분하다
しゃくやずまい(借家住まい) = 셋집 살이
しゃくまぐらし(借間暮し) = 셋방 살이

ちんたいじゅうたく(賃貸住宅) = 임대주택
やちんがとどこおる(家賃が滞る) = 집세가 밀리다

おおやにやちんをはらう(大家に家賃を払う)
= 집주인에게 집세를 치르다
じすいせいかつをする(自炊生活をする) = 자취생활을 하다

❷ 집에는 현관, 출입문, 뒷문, 복도, 계단, 난간, 차고, 창고, 방 등이 있습니다. 방에는 가구가 놓여 있습니다.

げんかんにげたばこをおく(玄関に下駄箱を置く)
= 현관에 신발장을 놓다
げんかんのとをあける(玄関の戸を開ける) = 현관의 문을 열다

げんかんにひょうさつをかける(玄関に表札を掛ける)
= 현관에 문패를 걸다
げんかんにかぎをつける(玄関に鍵を付ける) = 현관에 자물쇠를 달다

いりぐち(入口)とでぐち(出口) = 입구와 출구

うらぐちからはいる(裏口から入る) = 뒷문으로 들어오다

うらぐちからにゅうしゃする(裏口から入社する) = 뒷문으로 입사하다

うらぐちにゅうがく(裏口入学) = 뒷구멍 입학

ろうかのつきあたり(廊下の突き当たり) = 복도의 맨 끝

かいだんをのぼる(階段を上る) = 계단을 오르다

てすりにつかまる(手摺に摑まる) = 난간을 잡다

くるまをしゃこにいれる(車を車庫に入れる) = 차를 차고에 넣다

しゃこつきのいえ(車庫付きの家) = 차고가 딸린 집

くらにおさめる(倉に納める) = 창고에 넣다

くらにこめをたくわえる(倉に米を蓄える) = 창고에 쌀을 저장하다

ひとまのへや(一間の部屋) = 한 칸 방

ひあたりのよいへや(日当たりの良い部屋) = 햇볕이 잘 드는 방

じぶんのへやにひきこもる(自分の部屋に引き籠もる)
= 자기 방에 틀어박히다

かぐつきのへや(家具付きの部屋) = 가구가 딸린 방

つくりつけのかぐ(作り付けの家具) = 붙박이 가구

じょうとうのかぐ(上等の家具) = 고급 가구

つくえ(机)といす(椅子) = 책상과 의자
ほんたて(本立て)とほんだな(本棚) = 책꽂이와 책장
ようふくだんす(洋服箪笥)とちゃだんす(茶箪笥) = 양복장과 찻장

❸ 집의 골조와 구조에 대해 알아볼까요?

まるきのはしら(丸木の柱) = 통나무 기둥
はしらをたてる(柱を立てる) = 기둥을 세우다

かみをかべにはる(紙を壁に貼る) = 종이를 벽에 붙이다
かべにくぎをうつ(壁に釘を打つ) = 벽에 못질하다
かべにひびがはいる(壁に罅が入る) = 벽에 금이 가다

ぞうきんでゆかをふく(雑巾で床を拭く) = 걸레로 마루를 닦다
ゆかにじゅうたんをしく(床に絨毯を敷く) = 마루에 융단을 깔다

とをたたく(戸を叩く) = 문을 두드리다
とをひらく(戸を開く) = 문을 열다

にしにめんしたまど(西に面した窓) = 서쪽으로 난 창문

まどをあけておく(窓を開けて置く) = 창문을 열어두다

あまどをしめる(雨戸を閉める) = 덧문을 닫다

あまどをすかす(雨戸を透かす) = 덧문을 약간 열어놓다

やねをふく(屋根を葺く) = 지붕을 이다

やねをめくる(屋根を捲る) = 지붕을 걷어내다

くさぶきのやね(草葺きの屋根) = 초가지붕

てんじょうがひくい(天井が低い) = 천장이 낮다

てんじょうにつるす(天井に吊す) = 천장에 매달다

えんとつからけむりがでる(煙突から煙が出る)
= 굴뚝에서 연기가 나다

えんとつがつまる(煙突が詰まる) = 굴뚝이 막히다

かきねをまわす(垣根を回す) = 울타리를 두르다

かきねをとりくずす(垣根を取り崩す) = 울타리를 헐다

にわのくさばな(庭の草花) = 정원의 화초

にわにやさいをつくる(庭に野菜を作る) = 정원에 채소를 가꾸다

❹ 거실과 방의 내부를 들여다볼까요?

いまとしょくどう(居間と食堂) = 거실과 식당
おうせつまできゃくをむかえる(応接間で客を迎える)
= 응접실에서 손님을 맞이하다

かべにたなをつる(壁に棚を吊る) = 벽에 선반을 달아매다
たなにあげる(棚に上げる) = 선반에 얹다
ちんれつだな(陳列棚) = 진열장

ちりがみ(塵紙) = 휴지
くずいれ(屑入れ) = 휴지통

ようしつ(洋室)とわしつ(和室) = 양실과 다다미방
たたみをしく(畳を敷く) = 다다미를 깔다
たたみをかえる(畳を替える) = 다다미를 갈다(바꾸다)

しょうじでへだてる(障子で隔てる) = 장지로 칸을 막다
しょうじをはりかえる(障子を張り替える) = 장지를 새로 바르다

しきいがたかい(敷居が高い) = 문지방이 높다
しきいにつまずく(敷居に躓く) = 문턱에 걸리다

とこのまのすえもの(床の間の据物) = 도코노마의 장식물
とこのまにかかっているじくもの(床の間に掛かっている軸物)
= 도코노마에 걸려있는 족자

❖ 참고로 일본의 전통가옥에는 とこのま(床の間)라는 공간이 설치되어 있습니다. 거실의 한쪽에 약간 높고 움푹 들어가게 꾸민 공간입니다. 그곳에 도자기나 골동품으로 장식하고, 뒷면 벽에는 족자를 걸어놓는 경우가 일반적입니다

おしいれにいれておく(押入れに入れて置く) = 벽장에 넣어두다
ふとんをおしいれにしまう(布団を押入れに仕舞う)
= 이불을 반침에 넣어두다

かがみにむかう(鏡に向う) = 거울을 보다
かがみにうつったかお(鏡に映った顔) = 거울에 비친 얼굴
だいつきのかがみ(台付きの鏡) = 받침대가 달린 거울

❺ 침실에서 가장 중요한 물품은 이부자리와 베개입니다.

≪이부자리≫

ふとん(布団) = 이부자리

かけぶとん(掛け布団) = 이불

しきぶとん(敷き布団) = 요

ざぶとん(座布団) = 방석

ざぶとんをあてる(座布団を当てる) = 방석을 깔고 앉다

ふとんをかける(布団を掛ける) = 이불을 덮다

ふとんをしく(布団を敷く) = 요를 깔다

ふとんをたたむ(布団を畳む) = 이부자리를 개다

ふとんをひぼしにする(布団を日干しにする) = 이불을 햇볕에 말리다

≪베개≫

まくら(枕) = 베개

まくらをする(枕をする) = 베개를 베다

ひざまくら(膝枕) = 무릎베개

ひじをまくらにする(肘を枕にする) = 팔꿈치를 베게 삼다

ひがしをまくらにしてねる(東を枕にして寝る)
= 베개를 동쪽으로 하고 자다

≪합성어≫

まくらえ(枕絵) = 춘화
まくらぞうし(枕草紙) = 수첩
まくらびょうぶ(枕屏風) = 머릿병풍
まくらもと(枕元) = 베갯머리
まくらぎ(枕木) = (철도) 침목

≪관용구≫

まくらをかわす(枕を交わす) = 남녀가 동침하다
まくらをたかくしてねる(枕を高くして寝る) = 안심하고 자다
まくらをならべる(枕を並べる) = 여럿이 함께 자다
まくらをぬらす(枕を濡らす) = 잠자리에서 울다
まくらをむすぶ(枕を結ぶ) = 노숙하다
まくらをわる(枕を割る) = 노심초사하다

kotoba

りょう(寮) = 기숙사
ひらや(平屋) = 단층집
しゃくや(借家) = 셋집
しゃくま(借間) = 셋방
ちんたい(賃貸) = 임대
やちん(家賃) = 집세
おおや(大家) = 집주인
げたばこ(下駄箱) = 신발장
ひょうさつ(表札) = 문패
かぎ(鍵) = 자물쇠
うらぐち(裏口) = 뒷문

つきあたり(突き当たり) = 막다른 곳
てすり(手摺) = 난간
くぎ(釘) = 못
ひび(罅) = 금
ぞうきん(雑巾) = 걸레
じゅうたん(絨毯) = 융단
すえもの(据物) = 장식물
じくもの(軸物) = 족자
おしいれ(押入れ) = 벽장
ひじ(肘) = 팔꿈치

とどこおる(滞る) = 밀리다
つかまる(掴まる) = 붙잡다
おさめる(納める) = 넣어두다
ひきこもる(引き籠もる)
 = 틀어박히다
はる(貼る) = 붙이다
ふく(葺く) = (지붕) 이다

めくる(捲る) = 걷어내다
つるす(吊す) = 매달다
つまる(詰まる) = 막히다
つまずく(躓く) = 걸리다
しまう(仕舞う) = 넣어두다
たたむ(畳む) = 개다
ぬらす(濡らす) = 적시다

35 의식주 탐구 - 4

사람들의 생활과 가사에 관해 알아볼까요? 사람들이 가장 많이 이용하는 공간은 부엌, 식당, 화장실, 욕실 등일 것입니다. 그곳에는 어떤 물품이 있을까요? 또 우리들의 생활에 꼭 필요한 것은 전기일 것입니다. 전기 시설과 전기 및 전자제품이 없으면 생활하기 어려울 것입니다.

❶ くらし(暮し) 살림 ; 생활

そのひぐらし(その日暮し) = 그 날 벌어 그 날 삶 (하루살이 인생)
びんぼうぐらし(貧乏暮し) = 가난한 생활
ぜいたくなくらし(贅沢な暮し) = 사치스러운 생활

しっそなくらし(質素な暮し) = 검소한 생활

ひとりぐらし(一人暮し) = 독신 생활

ひとまぐらし(一間暮し) = 단칸방살이

しゃくまぐらし(借間暮し) = 셋방살이

どんぞこのくらし(どん底の暮し) = 밑바닥 생활

つとめにんぐらし(勤め人暮し) = 월급쟁이 생활

しもじものくらし(下下の暮し) = 서민 생활

くらしがくるしい(暮しが苦しい) = 살림이 옹색하다

くらしがたたない(暮しが立たない) = 생활이 되지 않다

❷ すまい(住まい) 생활 ; 주거

いなかずまい(田舎住まい) = 시골 살이

しゃくやずまい(借家住まい) = 셋집 살이

ひとりずまい(独り住まい) = 독신 생활

わびずまい(侘住まい) = 쓸쓸한 생활

すまいがかわる(住まいが替わる) = 주소가 바뀌다

❸ 부엌을 들여다볼까요?

ながしだい(流し台) = 싱크대
ふきん(布巾) = 행주

れいぞうこ(冷蔵庫) = 냉장고
れいとうこ(冷凍庫) = 냉동고
でんきがま(電気釜) = 전기밥솥
まほうびん(魔法瓶) = 보온병

なべのふた(鍋の蓋) = 냄비 뚜껑
なべのそこにあながあく(鍋の底に穴が開く)
= 냄비 바닥에 구멍이 나다

やかんでゆをわかす(薬缶で湯を沸かす) = 주전자로 물을 끓이다
まないたにのせる(俎板に載せる) = 도마에 올려놓다

ほうちょうできざむ(包丁で刻む) = 식칼로 썰다
きれのよいほうちょう(切れの良い包丁) = 잘 드는 식칼

ざるですくう(笊で掬う) = 소쿠리로 건져 올리다
ざるそば(笊蕎麦) = (소쿠리에 담은) 메밀국수

しゃもじでめしをよそう(杓文字で飯を装う) = 주걱으로 밥을 푸다

ひしゃくでしるをすくう(柄杓で汁を掬う) = 국자로 국물을 뜨다

せんぬきでびんのせんをぬく(栓抜きで瓶の栓を抜く)
= 병따개로 병마개를 따다

かんきりでかんづめをあける(缶切りで缶詰を開ける)
= 깡통 따개로 통조림을 따다

❹ 식당에는 어떤 물품이 있을까요?

しょくたくにつく(食卓に着く) = 식탁에 앉다

しょくたくをかこむ(食卓を囲む) = 식탁에 둘러앉다

しょっきをあらう(食器を洗う) = 식기를 씻다

しょっきだな(食器棚) = 찬장

さらにもる(皿に盛る) = 접시에 담다

さらがわれる(皿が割れる) = 접시가 깨지다

ふたわんのめし(二椀の飯) = 두 공기의 밥

すいものわん(吸い物椀) = 국그릇

ふたつきのちゃわん(蓋付きの茶碗) = 뚜껑이 달린 찻잔
めしちゃわん(飯茶碗) = 밥공기

❖ 茶碗은 원래 찻잔인데, 공기 밥을 먹은 일본인들은 밥공기로 사용합니다. 그래서 오히려 밥그릇이라는 뜻으로 사용하는 경우가 많습니다.

おぼんにのせてだす(お盆に載せて出す) = 쟁반에 받쳐 내놓다
おぼんのようにまるいつき(お盆の様に丸い月) = 쟁반같이 둥근 달

ぜんをすえる(膳を据える) = 상을 차려 놓다
ぜんにつく(膳に付く) = 상 앞에 앉다

❖ 일본인은 몸에 관련된 말, 사람이 사용하는 물품 등의 앞에 공손함을 뜻하는 'お' 또는 'ご'를 붙입니다. 쟁반을 '盆'이라고 말해도 크게 문제될 것은 없으나 'お盆'이라고 하는 것이 공손한 어법입니다. '膳'도 마찬가지입니다. 'お膳' 이라고 말하는 것이 예의바른 어법입니다. 다른 사람의 말이나 행동을 칭할 때도 역시 같은 어법을 사용합니다. 자기와 자기 것, 남이나 남의 것을 칭할 때 'お'나 'ご'를 붙이는 데 미묘한 어감의 차이가 있습니다. 일본에서 생활하면서 감각으로 익힐 수밖에 없는 어법입니다.

はしをとる(箸を取る) = 젓가락을 집다
はしをつかう(箸を使う) = 젓가락질을 하다
はしをおく(箸を置く) = 젓가락을 놓다(다 먹다)

さかずきをさす(杯を差す) = 술잔에 술을 따르다
さかずきをまわす(杯を回す) = 술잔을 돌리다
さかずきをほす(杯を乾す) = 술잔을 비우다
さかずきをかたむける(杯を傾ける) = 술잔을 기울이다
さかずきをうちあわす(杯を打ち合わす) = 술잔을 맞부딪치다
さかずきのやりとり(杯の遣り取り) = 술잔을 주거니 받거니 함
なごりのさかずき(名残の杯) = 이별의 술잔

とくりのくび(徳利の首) = 술병의 목

とくりのしり(徳利の尻) = 술병의 밑동

つまようじをつかう(爪楊枝を使う) = 이쑤시개를 쓰다

つまようじではをせせる(爪楊枝で歯をせせる)
= 이쑤시개로 이를 쑤시다

❺ 욕실과 화장실

ふろをわかす(風呂を沸かす) = 목욕물을 데우다

ふろにはいる(風呂に入る) = 목욕을 하다

よくそうにみずをいれる(浴槽に水を入れる) = 목욕통에 물을 받다

ゆあかのついたよくそう(湯垢の付いた浴槽) = 물때가 낀 욕조

ふろにいく(風呂に行く) = 목욕탕에 가다

せんとうでにゅうよくする(銭湯で入浴する)
= 공중목욕탕에서 목욕하다

せんめんき(洗面器) = 세면기

せんめんどうぐ(洗面道具) = 세면도구

せっけん(石鹸) = 비누

こなせっけん(粉石鹸) = 가루비누

おてあらい(お手洗い) = 화장실

こしかけべんき(腰掛け便器) = 좌변기

はみがきこ(歯磨き粉) = 치약

はブラシ(歯ブラシ) = 칫솔

かおをあらう(顔を洗う) = 세수하다

あたまをあらう(頭を洗う) = 머리를 감다

ちょうずてぬぐい(手水手拭い) = 세수수건

てぬぐいかけ(手拭い掛け) = 수건걸이

てぬぐいでふく(手拭いで拭く) = 수건으로 닦다

くしのは(櫛の歯) = 빗살

かみをくしですく(髪を櫛で梳く) = 머리를 빗으로 빗다

❻ 가전제품 및 전기 시설

しんくうそうじき(真空掃除機) = 진공청소기
つかれたせんたくき(疲れた洗濯機) = 낡은 세탁기
でんしレンジであたためる(電子レンジで温める)
= 전자레인지로 데우다

でんげんをきる(電源を切る) = 전원을 끄다
でんりゅうがながれる(電流が流れる) = 전류가 흐르다
でんあつがたかい(電圧が高い) = 전압이 높다

すいぎんかんでんち(水銀乾電池) = 수은건전지
けいこうとうをとりかえる(蛍光灯を取り替える)
= 형광등을 갈아 끼우다

せんぷうきにあたる(扇風機に当たる) = 선풍기 바람을 쐬다
かしつきさっきんざい(加湿器殺菌剤) = 가습기살균제

しょうめいがくらい(照明が暗い) = 조명이 어둡다
でんきゅうのうけぐち(電球の受け口) = 전기의 소켓

れいぼうそうち(冷房装置) = 냉방장치

だんぼうのきいたへや(暖房の利いた部屋) = 난방이 잘된 방

❼ 사람의 생활과 관련된 물품 및 행위

ほうきでにわをはく(箒で庭を掃く) = 비로 뜰을 쓸다
ちりとり(塵取) = 쓰레받기

ぞうきんでゆかをみがく(雑巾で床を磨く) = 걸레로 바닥을 닦다
ぞうきんをしぼる(雑巾を絞る) = 걸레를 짜다

ごうせいせんざい(合成洗剤) = 합성세제
しょくぶつせいせんざい(植物性洗剤) = 식물성세제

せんたくだらい(洗濯盥) = 세탁 대야
せんたくものをしぼる(洗濯物を絞る) = 세탁물을 짜다
せんたくものをほす(洗濯物を干す) = 세탁물을 널다
せんたくものをとりこむ(洗濯物を取り込む) = 세탁물을 거두어들이다

はけでのりづけをする(刷毛で糊付けをする) = 솔로 풀질을 하다
はけでペンキをぬる(刷毛でペンキを塗る) = 솔로 페인트를 칠하다

べんとうばこ(弁当箱) = 도시락 상자

こうぐばこ(工具箱) = 공구 상자

ほうせきばこ(宝石箱) = 보석함

とうひょうばこ(投票箱) = 투표함

かいものぶくろ(買物袋) = 쇼핑백

ビニールぶくろ(ビニール袋) = 비닐봉투

しゅうじんぶくろ(集塵袋) = 쓰레기봉투

かさをさす(傘を差す) = 우산을 쓰다

ひがさけんようのかさ(日傘兼用の傘) = 양산 겸용 우산

かさをたたむ(傘を畳む) = 우산을 접다

 *kotoba*

びんぼう(貧乏) = 가난
ぜいたく(贅沢) = 사치
しっそ(質素) = 검소
どんぞこ(どん底) = 밑바닥
まないた(俎板) = 도마
せんぬき(栓抜き) = 병따개
かんきり(缶切り) = 깡통따개

なごり(名残) = 추억
ゆあか(湯垢) = 물 때
うけぐち(受け口) = 소켓
ほうき(箒) = 비
ちり(塵取) = 쓰레기
たらい(盥) = 대야
はけ(刷毛) = 솔

わびしむ(侘しむ) = 쓸쓸해하다
すくう(掬う) = 건져 올리다
もる(盛る) = 담다
われる(割れる) = 깨지다

まわす(回す) = 돌리다
かたむける(傾ける) = 기울이다
わかす(沸かす) = 데우다
すく(梳く) = 빗다
たたむ(畳む) = 접다

36

가족 ❧ 친족

사람은 사회적 동물입니다. 여러 사람과 인연을 맺으면서 살 수 밖에 없는 존재입니다. 이미 앞에서 탐구해 보았지만, 남자와 여자가 만나서 남편과 아내가 되어 자식을 낳으면서부터 가족이 형성됩니다. 가족은 혈연공동체입니다.

❶ きずな(絆) 인연 ; 유대

ふうふのきずな(夫婦の絆) = 부부의 정리(情理)
ふうふのきずなをたつ(夫婦の絆を断つ) = 부부의 인연을 끊다
かぞくのきずな(家族の絆) = 가족 간의 유대

おとこどうしのきずな(男同士の絆) = 남자들의 끈끈한 우정
つよいきずなでむすばれる(強い絆で結ばれる)
= 강한 유대로 맺어지다

❷ おっと(夫) 남편

おっとをむかえる(夫を迎える) = 서방을 얻다
おっとのあるじょせい(夫のある女性) = 남편 있는 여성
おっとのうわき(夫の浮気) = 남편의 바람기
まえのおっと(前の夫) = 전남편
おっとのしまい(夫の姉妹) = 시누이
おっとにはなれる(夫に離れる) = 남편과 이혼하다
おっとをうしなう(夫を失う) = 남편을 잃다

❸ つま(妻) 처

つまをめとる(妻を娶る) = 아내를 얻다
あいらしいつま(愛らしい妻) = 사랑스러운 아내
そうこうのつま(糟糠の妻) = 조강지처
ないえんのつま(内縁の妻) = 내연의 처

びょうきがちのつま(病気勝ちの妻) = 골골하는 아내

つまにおくれる(妻に後れる) = 아내를 여의다

いっしょうむさいでとおす(一生無妻で通す) = 일생 독신으로 지내다

つまのおとこきょうだい(妻の男兄弟) = 처남

まごのつま(孫の妻) = 손자며느리

おいのつま(甥の妻) = 조카며느리

❹ ちち(父) 아버지

≪부친≫

ぎりのちち(義理の父) = 의붓아버지

ちちかたのそふ(父方の祖父) = 친조부

ははかたのそぼ(母方の祖母) = 외조모

つまのちち(妻の父) = 장인

ちちをうしなう(父を失う) = 아버지를 여의다

ちちのあとをつぐ(父の後を継ぐ) = 아버지의 뒤를 잇다

≪개조≫

おんがくのちち(音楽の父) = 음악의 아버지

けんこくのちち(建国の父) = 건국의 아버지

げんだいいがくのちち(現代医学の父) = 현대의학의 선구자

❺ はは(母) 어머니

≪모친≫

にじのはは(二児の母) = 두 아이의 어머니

じつのはは(実の母) = 친어머니

こんかのはは(婚家の母) = 시어머니

ははのかたみ(母の形見) = 어머니의 유품

ははのしまいのおっと(母の姉妹の夫) = 이모부

≪원천 ; 근원≫

ははなるだいち(母なる大地) = 어머니인 대지

ひつようははつめいのはは(必要は発明の母) = 필요는 발명의 어머니

❻ むすこ(息子) 아들

あととりのむすこ(跡取りの息子) = 대를 이을 아들

せんさいのむすこ(先妻の息子) = 전실 아들

こうこうむすこ(孝行息子) = 효자

おやふこうのむすこ(親不孝の息子) = 불효자

むすこのよめ(息子の嫁) = 며느리

❼ むすめ(娘) 딸

≪딸≫

ひとりむすめ(一人娘) = 외동딸

はこいりむすめ(箱入り娘) = 애지중지하는 딸

むすめにえんだんがある(娘に縁談がある) = 딸에게 혼담이 있다

むすめをてばなす(娘を手放す) = 딸을 시집보내다

むすめふうふ(娘夫婦) = 딸 내외

≪처녀≫

むすめらしくなる(娘らしくなる) = 처녀티가 나다

むすめじだい(娘時代) = 처녀 시절

むらむすめ(村娘) = 촌색시

とかいのむすめ(都会の娘) = 도회지 처녀

ひょうばんのむすめ(評判の娘) = 소문난 처녀

よめいりまえのむすめ(嫁入り前の娘) = 미혼 여성

❽ きょうだい(兄弟) 형제

よにんきょうだい(四人兄弟) = 4형제

なかのよいきょうだい(仲の良い兄弟) = 우애 있는 형제

とししたのきょうだい(年下の兄弟) = 나이 어린 형제

はらちがいのきょうだい(腹違いの兄弟) = 이복형제

いっぷくのきょうだい(一腹の兄弟) = 동복형제

❾ おい(甥) 생질 / めい(姪) 질녀

じつのおい(実の甥) = 친조카

おいのつま(甥の妻) = 조카며느리

おいにあたるひと(甥に当たる人) = 조카뻘이 되는 사람

めいをようじょにする(姪を養女にする) = 질녀를 양녀로 삼다

 kotoba

うわき(浮気) = 바람기
ないえん(内縁) = 내연
しまい(姉妹) = 자매
ぎり(義理) = 의리
けんこく(建国) = 건국
びょうき(病気) = 병
かたみ(形見) = 유품
だいち(大地) = 대지

あととり(跡取り) = 대를 이음
こうこう(孝行) = 효행
ふこう(不孝) = 불효
えんだん(縁談) = 혼담
ひょうばん(評判) = 평판
いっぷく(一腹) = 동복
としした(年下) = 연하
ようじょ(養女) = 양녀

たつ(断つ) = 끊다
めとる(娶る) = 장가들다
おくれる(後れる) = 뒤지다

つぐ(継ぐ) = 잇다
てばなす(手放す) = 내놓다
あたる(当たる) = 해당하다

37 인간관계

사람은 사회공동체에서 일을 하거나 어떤 역할을 담당하며 살아갑니다. 가족 내에도 상하관계가 있고 수평관계가 있듯이, 사회에도 관습적으로 형성된 인간관계가 있습니다. 사람들은 그러한 질서에 순응하면서 살아갑니다. 우호적인 관계도 있지만, 적대적인 관계도 있습니다.

❶ かんけい(関係) = 관계

≪관계≫

いんがかんけい(因果関係) = 인과 관계

れんかんかんけい(連関関係) = 연관 관계
しゅうじゅうかんけい(主従関係) = 주종 관계
ろうしかんけい(労使関係) = 노사 관계

≪방면 ; 분야≫

がいこうかんけい(外交関係) = 외교 관계
きょういくかんけいのしごと(教育関係の仕事) = 교육 관계의 일

≪연관 ; 영향≫

かんけいしゃ(関係者) = 관계자
かんけいきかん(関係機関) = 관계 기관
かんけいしょるい(関係書類) = 관계 서류
どうきょうのかんけいでにゅうしゃする(同郷の関係で入社する)
= 동향의 연고로 입사하다

≪남녀의 정교≫

にくたいかんけい(肉体関係) = 육체관계
せいてきかんけいをもつ(性的関係を持つ) = 성적 관계를 갖다
かのじょとかんけいをした(彼女と関係をした)

= 그녀와 관계를 했다 (성관계)

けっこんぜんからかんけいがあった(結婚前から関係があった)

= 결혼전부터 관계가 있었다

❷ おとな(大人) 어른

≪성인≫

おとなびる(大人びる) = 어른 티가 나다

おとなげないことをする(大人気無い事をする)

= 어른답지 못한 짓을 하다

からだだけはおとなみだ(体だけは大人並だ)

= 체격만큼은 어른 못지않다

≪어른스러움 ; 성숙함≫

かれはとしのわりにおとなだ(彼は年の割りに大人だ)

= 그는 나이에 비해 어른스럽다

かれもなかなかのおとなだ(彼もなかなかの大人だ)

= 그도 상당히 성숙해졌다

もっとおとなになりなさい(もっと大人になりなさい)

= 더 의젓해져야지

おとなじみたくちをきく(大人染みた口を利く) = 어른스런 말을 하다

≪착하다≫

ぼうやはおとなだ(坊やは大人だ) = 아가는 착하다
おとなしいこども(大人しい子供) = 얌전한 아이

❸ こども(子供) 아이

≪자식≫

こどもができる(子供が出来る) = 아이가 생기다
こどもをうむ(子供を産む) = 아이를 낳다
はらをいためたこども(腹を痛めた子供) = 자기가 낳은 자식(친자식)
こどもにちちをのませる(子供に乳を飲ませる) = 아이에게 젖을 먹이다
こどものじまんをする(子供の自慢をする) = 자식 자랑을 하다

≪아이≫

こどものあそびば(子供の遊び場) = 어린이 놀이터

こどもはくにのたから(子供は国の宝) = 아이는 나라의 보배

ふべんきょうなこども(不勉強な子供) = 공부하기 싫어하는 아이

おそぢえのこども(遅知恵の子供) = 지능 발달이 더딘 아이(지진아)

≪어린애 ; 유치함≫

まるでこどもだ(丸で子供だ) = 꼭 어린애같다

かんがえることがこどもだ(考える事が子供だ)
= 생각하는 것이 유치하다

いつまでもこどもでこまる(いつまでも子供で困る)
= 언제까지나 어린애라서 큰일이다

≪관용구≫

こどもあつかい(子供扱い) = 어린애 취급함

こどもごころ(子供心) = 동심

こどもじみる(子供染みる) = 어린애 같다

こどもしゅう(子供衆) = 어린이들

こどもずき(子供好き) = 아이를 좋아함

こどもだまし(子供騙し) = 뻔한 속임수

こどもっぽい(子供っぽい) = 유치하다

こどものひ(子供の日) = 어린이날

こどもらしい(子供らしい) = 어린애답다

こどもをちからとする(子供を力とする) = 자식을 의지하다

こどものけんかにおやがでる(子供の喧嘩に親が出る)
= 아이 싸움에 어른이 나서다

❹ おい(老い) 늙음

≪늙음≫

おいをむかえる(老いを迎える) = 노년을 맞이하다

おいをものがたるしらが(老いを物語る白髪)
= 늙었음을 말해주는 백발

おいをおくる(老いを送る) = 노년을 보내다

おいのすさび(老いの遊び) = 늘그막의 소일거리

おいをわすれる(老いを忘れる) = 늙음을 잊다

≪늙은이≫

おいもわかきも(老いも若きも) = 늙은이나 젊은이나

おいのくりごと(老いの繰言) = 노인의 넋두리

❺ わかもの(若者) 젊은이

むらのわかもの(村の若者) = 마을의 청년
とうせいのわかもの(当世の若者) = 요즈음 젊은이
りりしいわかもの(凛凛しい若者) = 늠름한 젊은이
けっきざかりのわかもの(血気盛りの若者) = 한창때의 젊은이
けっきにはやるわかもの(血気に逸る若者) = 혈기에 들뜬 젊은이
わかもののゆめとろうまん(若者の夢と浪漫) = 젊은이의 꿈과 낭만
すえたのもしいわかもの(末頼もしい若者) = 장래가 촉망되는 젊은이

❻ とも(友) 벗

≪친구≫

ちくばのとも(竹馬の友) = 죽마고우
きやすいとも(気安い友) = 허물없는 친구
きのあうとも(気の合う友) = 마음이 맞는 친구
しんぷくのとも(心服の友) = 가장 믿는 친구
しょうがいのとも(生涯の友) = 평생의 친구
ともとあそぶ(友と遊ぶ) = 친구와 놀다
ともをつれてゆく(友を連れて行く) = 친구를 데리고 가다

《한패》

つりとものかい(釣り友の会) = 낚시 동호회
しんこうのとも(信仰の友) = 신앙을 같이하는 사람
るいはともをよぶ(類は友を呼ぶ) = 유유상종

《위안으로 삼는 것 ; 유용하게 쓰이는 것》

しょもつをともとするせいかつ(書物を友とする生活)
= 책을 벗 삼는 생활
こてんはこころのとも(古典は心の友) = 고전은 마음의 벗
ちずをともとしてたどる(地図を友として辿る)
= 지도를 의지하여 찾아가다

❼ たにん(他人) 남

あかのたにんだ(赤の他人だ) = 생판 남이다
たにんのあいだがら(他人の間柄) = 남남 사이
たにんがましい(他人がましい) = 남처럼 굴다
たにんあつかいする(他人扱いする) = 남처럼 대하다
たにんのつみをきる(他人の罪を着る) = 남의 죄를 뒤집어쓰다

≪관용구≫

たにんよりみうち(他人より身内) = 피는 물보다 진하다

とおくのしんるいよりちかくのたにん(遠くの親類より近くの他人)
= 이웃사촌

たにんのそらに(他人の空似) = 남인데도 생김새가 많이 닮음

たにんのめしをくう(他人の飯を食う)
= 남의 집 밥을 먹다(사회 경험을 쌓다)

たにんぎょうぎ(他人行儀) = 친한 사이인데도 남남처럼 대함

たにんはくいより(他人は食いより) = 타인은 이끗을 보고 모여든다

❽ みかた(味方) 자기 편

≪자기 편≫

みかたにひきいる(味方に引き入る) = 내 편에 끌어들이다

みかたにつく(味方に付く) = 우리 편에 붙다

みかたがかった(味方が勝った) = 우리 편이 이겼다

いつもきみのみかただ(何時も君の味方だ) = 언제나 자네 편이다

≪편듦≫

かれにみかたする(彼に味方する) = 그에게 가세하다
よわいほうにみかたする(弱い方に味方する) = 약한 쪽에 가세하다
ははおとうとにみかたした(母は弟に味方した)
= 어머니는 동생 편을 들었다
どちらにもみかたしない(どちらにも味方しない)
= 어느 쪽에도 편들지 않다

❾ てきがた(敵方) 적의 편

てきがたとあいつうずる(敵方と相通ずる) = 적과 내통하다
てきがたにねがえる(敵方に寝返る) = 적 편으로 돌아서다
てきがたのようすをさぐる(敵方の様子を探る) = 적의 동태를 살피다

❿ かたき(敵) 원수

≪원수≫

おやのかたき(親の敵) = 부모의 원수

かたきをうつ(敵を討つ) = 원수를 갚다

かねがかたきのよのなか(金が敵の世の中) = 돈이 원수인 세상

≪적수≫

ごがたき(碁敵) = 바둑의 적수

しょうばいのかたき(商売の敵) = 장사의 경쟁 상대

 *kotoba*

れんかん(連関) = 연관

しゅうじゅう(主従) = 주종

ろうし(労使) = 노사

じまん(自慢) = 자랑

けんか(喧嘩) = 싸움

しらが(白髪) = 백발

くりごと(繰言) = 넋두리

しょうがい(生涯) = 평생

しんこう(信仰) = 신앙

しょもつ(書物) = 책

あいだがら(間柄) = 사이

しんるい(親類) = 친척

いつも(何時も) = 언제나

ぎょうぎ(行儀) = 예절

ようす(様子) = 모습

しょうばい(商売) = 장사

いたむ(痛む) = 아프다

あつかう(扱う) = 취급하다

しみる(染みる) = 스며들다

だます(騙す) = 속이다

ものがたる(物語る) = 말하다

りりしい(凛凛しい) = 늠름하다

はやる(逸る) = 설레다

たのもしい(頼もしい) = 듬직하다

つれる(連れる) = 동행하다

たどる(辿る) = 더듬다

あいつうずる(相通ずる) = 내통하다

ねがえる(寝返る) = 돌아눕다

38

신분관계

일본의 전통사회는 어떤 신분관계로 이루어졌을까요? 일본은 12세기 말경부터 무사정권이 성립되어 서민을 지배했습니다. 무사가 위정자가 되어 정치를 담당했습니다. 그러나 무사는 우리나라의 사대부와 같은 선비가 아니었습니다. 그들은 원래 전투원이었습니다. 무사사회는 군사조직이었고, 그래서 엄정한 상하관계가 일본에 뿌리를 내렸습니다. 서민은 크게 농공상(農工商)으로 나뉘어 생업에 종사했습니다.

❶ みぶん(身分) 신분

≪사회적 지위≫

みぶんがちがう(身分が違う) = 신분이 다르다
みぶんがたかい(身分が高い) = 신분이 높다
とうといみぶん(尊い身分) = 존귀한 신분
いやしいみぶん(卑しい身分) = 미천한 신분
みぶんをあかす(身分を明かす) = 신분을 밝히다
みぶんをいつわる(身分を偽る) = 신분을 속이다
みぶんをかたる(身分を騙る) = 신분을 사칭하다

≪법률상의 지위≫

みぶんほう(身分法) = 신분법
みぶんしょうめいしょ(身分証明書) = 신분증명서
みぶんをほしょうする(身分を保証する) = 신분을 보증하다

≪처지 ; 팔자≫

かれとおれはみぶんがことなる(彼と俺は身分が異なる)
= 그와 나는 처지가 다르다

ゆうふくなみぶんのひと(裕福な身分の人) = 유복한 팔자인 사람

けっこうなごみぶんですね(結構なご身分ですね) = 팔자 좋으시군요

❷ ぶし(武士) 무사

ぶしどう(武士道) = 무사도

ぶしのめんもく(武士の面目) = 무사의 체면

いっかどのぶし(一角の武士) = 뛰어난 무사

なまくらぶし(鈍武士) = 기개 없는 무사

ぶしのいじ(武士の意地) = 무사의 오기

こぶしのふうかく(古武士の風格) = 옛 무사의 품격

ぶしはなをおしむ(武士は名を惜しむ) = 무사는 명예를 소중히 여긴다

≪관용구≫

ぶしににごんなし(武士に二言なし) = 무사에게는 두 말이 없다

ぶしはくわねどたかようじ(武士は食わねど高楊枝)
= 무사는 굶어도 이를 쑤신다

ぶしはあいみたがい(武士は相身互い) = 무사는 서로 처지를 이해한다

はなはさくらぎ、ひとはぶし(花は桜木、人は武士)
= 꽃은 벚나무, 사람은 무사

❸ あるじ(主) 주인

≪주인≫

いっかのあるじ(一家の主) = 이 집의 주인

いちじょうのあるじ(一城の主) = 한 성의 주인

しょてんのあるじ(書店の主) = 서점의 주인

あるじにつかえる(主に仕える) = 주인을 섬기다

≪소유주≫

このかたなのあるじ(この刀の主) = 이 칼의 주인

このうまのあるじ(この馬の主) = 이 말의 주인

❹ けらい(家来) 가신

ぶけのけらい(武家の家来) = 무가의 가신

しゃちょうのけらい(社長の家来) = 사장의 부하

けらいとしてめしかかえる(家来として召し抱える) = 가신으로 들이다

かしんがおおいとてきもおおい(家来が多いと敵も多い)
= 가신이 많으면 적도 많다

❺ とも(供) 종자

ともをひきぐす(供を引具す) = 종자를 거느리다
ともをしたがえてゆく(供を従えて行く) = 종자를 거느리고 가다
ともをめしつれる(供を召連れる) = 종자를 데리고 가다
しゃちょうのおとも(社長のお供) = 사장의 수행원

❻ ひゃくしょう(百姓) 농민

ひゃくしょうしごと(百姓仕事) = 농사일
ひゃくしょうをする(百姓をする) = 농사를 짓다
りのうするひゃくしょう(離農する百姓) = 이농하는 농민
ひゃくしょういっき(百姓一揆) = (역사) 농민폭동

❼ しょうにん(商人) 상인

でいりのしょうにん(出入りの商人) = 단골 상인
ねからのしょうにん(根からの商人) = 타고난 상인
だいどうしょうにん(大道商人) = 노점 상인
あくとくしょうにん(悪徳商人) = 악덕 상인

ぬけめのないしょうにん(抜け目のない商人) = 빈틈없는 상인

あのひとはしょうにんくさい(あの人は商人臭い)
= 저 사람은 장사치 냄새가 난다

❽ しょくにん(職人) 장인

しょくにんかたぎ(職人気質) = 장인기질

わたりしょくにん(渡り職人) = 떠돌이 장인

みならいのしょくにん(見習いの職人) = 견습공

うでききのしょくにん(腕利きの職人) = 솜씨가 뛰어난 장인

❾ こじき(乞食) 거지

こじきこんじょう(乞食根性) = 거지 근성

こじきをする(乞食をする) = 빌어먹다

こじきのなかのこじき(乞食の中の乞食) = 거지 중의 상거지

こじきになりはてる(乞食に成り果てる) = 거지 신세가 되다

kotoba

けっこう(結構) = 훌륭함
めんもく(面目) = 체면
いっかど(一角) = 뛰어남
なまくら(鈍) = 무딤
いじ(意地) = 오기
ふうかく(風格) = 품격

ようじ(楊枝) = 이쑤시개
いっき(一揆) = 폭동
ぬけめ(抜け目) = 빈틈
かたぎ(気質) = 기질
みならい(見習い) = 견습
うで(腕) = 솜씨

とうとい(尊い) = 존귀하다
いやしい(卑しい) = 미천하다
あかす(明かす) = 밝히다
いつわる(偽る) = 속이다
かたる(騙る) = 사칭하다

おしむ(惜しむ) = 아끼다
つかえる(仕える) = 섬기다
うかがう(窺う) = 살피다
ひきぐす(引具す) = 거느리다
はてる(果てる) = 끝나다

39 인간과 사회 - 1

　인간은 다른 사람들과 소통하고 교류하면서 행위와 표정으로 자신의 감정을 표현합니다. 동물들도 나름대로 감정을 표현하겠지만, 사람만큼 섬세하게 감정을 표현하면서 관계를 맺는 생활을 할 수는 없을 것입니다.

❶ 사람은 기분에 따라 마음이 밝아지기도 하고 어두워지기도 합니다.

　　きぶんがへんだ(気分が変だ) = 기분이 이상하다
　　きぶんがわるくなる(気分が悪くなる) = 기분이 나빠지다

きぶんがすぐれない(気分が優れない) = 기분이 좋지 않다
きぶんがふさぐ(気分が塞ぐ) = 기분이 우울해지다
きぶんをそこなう(気分を損なう) = 기분을 상하다
きぶんをかえる(気分を変える) = 기분을 전환하다
きぶんがよくなる(気分が良くなる) = 기분이 좋아지다
きぶんがほぐれる(気分が解れる) = 기분이 풀리다
きぶんがはれる(気分が晴れる) = 기분이 상쾌해지다
きぶんがやわらぐ(気分が和らぐ) = 기분이 가라앉다

❷ 모든 것이 기분입니다. 사람이 싫거나 비위에 거슬리면 서먹서먹해 집니다.

やすらかなここち(安らかな心地) = 편안한 마음
ゆめみここち(夢見心地) = 꿈결 같은 기분
いきたここちもしない(生きた心地もしない)
= 살아있는 기분이 안 난다

みるのもうとましい(見るのも疎ましい) = 꼴도 보기 싫다
いけんのちがうものをうとむ(意見の違う者を疎む)
= 의견이 다른 사람을 멀리하다

ひとめをはばかる(人目を憚る) = 남의 눈을 꺼리다
たぶんをはばかる(他聞を憚る) = 남이 듣는 것을 꺼리다

うとうとしいたいど(疎疎しい態度) = 냉담한 태도
うとうとしいなか(疎疎しい仲) = 서먹서먹한 사이

❸ 어떤 일이 성에 차지 않을 때, 어쩐지 기분이 좋지 않거나 꺼림칙할 때, 사람들은 이맛살을 찡그리거나 볼멘소리를 하는 것으로 감정을 표현합니다.

みていてはがゆい(見ていて歯痒い) = 보고 있자니 답답하다
せつめいがくどい(説明が諄い) = 설명이 시원스럽지 못하다
このけっかにはあきたりない(この結果には飽き足りない)
= 이 결과는 못마땅하다

そこきみわるいわらい(底気味悪い笑い) = 어쩐지 기분 나쁜 웃음
やましいてんがある(疾しい点がある) = 꺼림칙한 점이 있다

かおをしかめる(顔を顰める) = 얼굴을 찡그리다
ふまんげにつぶやく(不満げに呟く) = 불만스러운 듯이 중얼거리다

❹ 어린이들이 서로 놀리거나 심한 장난을 칠 때가 있습니다. 옆에서 그것을 부추기는 아이도 있습니다. 그러나 약한 아이를 욕보이면, 그 아이는 마음의 상처를 입습니다. 기가 죽어 지내게 됩니다.

ひとをいらう(人を弄う) = 사람을 놀리다
あくたれっこ(悪たれっ子) = 장난이 심한 아이
あくたれぐちをたたく(悪たれ口を叩く) = 욕지거리를 퍼붓다

よわいともをいじめる(弱い友を苛める) = 약한 친구를 괴롭히다
きゅうゆうにいじめられる(級友に苛められる) = 급우에게 들볶이다

あくじをそそのかす(悪事を唆す) = 못된 짓을 부추기다
そそのかされてつみをおかす(唆されて罪を犯す)
= 꾐에 빠져 죄를 짓다

ひとのめんぜんではずかしめる(人の面前で辱める)
= 남 앞에서 창피를 주다
そせんのなをはずかしめる(祖先の名を辱める)
= 조상의 이름을 욕되게 하다

かたみがせまい(肩身が狭い) = 주눅이 들다
たたかれてひるむ(叩かれて怯む) = 얻어맞고 기가 꺾이다

あくゆうのまえできおくれがする(悪友の前で気後れがする)
= 악우 앞에서 기가 죽다

❺ 사람이 망설이거나 갈피를 못 잡거나 당황할 때 말을 더듬거리는 경우가 있습니다. 불안한 감정을 표현하는 것이겠지요.

しょちをまどう(処置を惑う) = 처치할 바를 모르다
まぎれないようにする(紛れないようにする) = 헷갈리지 않도록 하다

みちをまよう(道を迷う) = 길을 잃다
へんとうにまよう(返答に迷う) = 대답을 망설이다

あいてのきせいにたじろぐ(相手の気勢にたじろぐ)
= 상대의 기세에 질리다
いっしゅんとまどう(一瞬戸惑う) = 순간 망설이다

きんちょうしてどもる(緊張して吃る) = 긴장해서 말을 더듬다
たどたどしいはなしぶり(辿辿しい話ぶり) = 더듬거리는 말투

❻ 허풍을 떠는 사람은 아첨을 잘 하고 행실이 곱지 않은 경우가 많

다고 하지요. 뻔뻔스러운 사람은 염치가 없고 진지하지 않지요. 으스대거나 뽐내는 사람은 떳떳하지 못한 경우가 많다고 합니다.

ほらをふく(法螺を吹く) = 허풍을 떨다

かれのはなしにはほらがある(彼の話には法螺がある)
= 그의 말에는 허풍이 있다

こころにもないおせじをいう(心にもないお世辞を言う)
= 마음에도 없는 발림말을 하다

しらじらしいおせじ(白白しいお世辞) = 속 보이는 발림말

しわざがにくらしい(仕業が憎らしい) = 하는 짓이 얄밉다

いんぼうをたくらむ(陰謀を企む) = 음모를 꾀하다

ずぶといことをいう(図太い事を言う) = 뻔뻔스러운 말을 하다

ずぶとくかまえる(図太く構える) = 뻔뻔스럽게 나오다

ずうずうしいたいど(図図しい態度) = 뻔뻔스러운 태도

ずうずうしいにもほどがある(図図しいにも程がある)
= 뻔뻔스러움에도 정도가 있다

はじをしる(恥を知る) = 수치를 알다

はじをかく(恥を掻く) = 창피를 당하다
はじもがいぶんもない(恥も外聞もない)
= 창피고 체면이고 아랑곳없다

まじめにかんがえる(真面目に考える) = 진지하게 생각하다
まじめなかおをする(真面目な顔をする) = 진지한 얼굴을 하다

しんけんにとりくむ(真剣に取り組む) = 진지하게 대처하다
しんけんなたいどでのぞむ(真剣な態度で臨む)
= 진지한 태도로 임하다

かねもちだといばる(金持ちだと威張る) = 부자라고 으스대다
いばってあるく(威張って歩く) = 으스대며 걷다

ふりょうがのさばる(不良がのさばる) = 불량배가 멋대로 설치다
よにのさばる(世にのさばる) = 제 세상인 양 설치다

くらいかこがある(暗い過去がある) = 어두운 과거가 있다
どうもあのひとがくさい(どうもあの人が臭い)
= 아무래도 저 사람이 구리다

❼ 웃음에도 여러 종류가 있습니다. 표정에 따라 쌀쌀한 웃음도 있고, 음산한 웃음도 있습니다. 비웃음도 있습니다. 냉소가 지나치면 비난이 되고, 비난이 지나치면 매도가 됩니다. 매도가 지나치면 저주가 됩니다. 사람의 말이 칼이 될 수도 있는 것이지요.

ひとをわらう(人を笑う) = 남을 비웃다
ひややかにわらう(冷ややかに笑う) = 쌀쌀하게 웃다
いんきくさくわらう(陰気臭く笑う) = 음산스럽게 웃다

ひとのしっぱいをあざける(人の失敗を嘲る) = 남의 실패를 비웃다
ひとのあやまちをせせらわらう(人の過ちをせせら笑う)
= 남의 잘못을 비웃다
かげでせせらわらう(陰でせせら笑う) = 뒤에서 비웃다

かげでひとをそしる(陰で人を誹る) = 뒤에서 남을 헐뜯다
くちぎたなくそしる(口汚く誹る) = 입정 사납게 비방하다

ひとまえでたにんをののしる(人前で他人を罵る)
= 사람들 앞에서 남을 욕하다
たがいにののしりあう(互いに罵り合う) = 서로 욕설하다

ひとをのろう(人を呪う) = 남을 저주하다

よをのろう(世を呪う) = 세상을 저주하다

❽ 남을 원망하는 사람도 있습니다. 물론 자기를 외면하면 기분이 나쁘겠지요. 그런데 단순히 은혜를 베풀어주지 않고, 능력을 인정하지 않고, 자기편을 들어주지 않는다고 남을 원망하는 사람도 있습니다. 심지어 자기보다 능력이 뛰어난 사람을 비위에 거슬린다고 앵돌아져서 질투하는 사람도 있습니다.

うらむところがある(恨む所がある) = 원망하는 바가 있다
れいたんなたいどをうらむ(冷淡な態度を恨む)
= 냉담한 태도를 원망하다

めをそむける(目を背ける) = 시선을 돌리다
かおをそむける(顔を背ける) = 외면하다

かねをめぐむ(金を恵む) = 금전을 베풀다
ひんみんにこめをめぐむ(貧民に米を恵む) = 빈민에게 쌀을 베풀다

じつりょくをみとめる(実力を認める) = 실력을 인정하다
かちをみとめる(価値を認める) = 가치를 인정하다

ぶかをひいきにする(部下を贔屓にする) = 부하를 편들다

ひいきめでみる(贔屓目で見る) = 호의적인 눈으로 보다

どうきょうのこうはいをひいきする(同郷の後輩を贔屓する)
= 동향의 후배를 후원하다

きざわりなことをいう(気障りな事を言う)
= 비위에 거슬리는 말을 하다

きざわりなものいい(気障りな物言い) = 비위에 거슬리는 말투

きざわりなおとこ(気障りな男) = 아니꼬운 놈

よをすねる(世を拗ねる) = 세상과 뒤틀려 등지다

すぐすねてこまる(すぐ拗ねて困る) = 걸핏하면 토라져서 애를 먹는다

ひとよりすぐれる(人より優れる) = 남보다 뛰어나다

りかいりょくにすぐれる(理解力に優れる) = 이해력이 뛰어나다

ひとのさいのうをそねむ(人の才能を嫉む) = 남의 재능을 시기하다

ゆうじんのせいこうをそねむ(友人の成功を嫉む)
= 친구의 성공을 시기하다

❾ 아무리 분하고 억울해도 원한을 품는 것은 두렵고 무서운 일입니

다. 사람들의 무지가 유감스러울 뿐입니다. 걱정하고 한탄하지 않을 수 없습니다.

あまりにもくやしい(あまりにも悔しい) = 너무나 억울하다

なみだがでるほどくやしい(涙が出る程悔しい)
= 눈물이 날 만큼 분하다

うらみをいだく(恨みを懐く) = 원한을 품다

うらみがこつずいにてっする(恨みが骨髄に徹する)
= 원한이 골수에 사무치다

うらみをはらす(恨みを晴らす) = 원한을 풀다

こわいかお(怖い顔) = 무서운 얼굴

こわいゆめをみる(怖い夢を見る) = 무서운 꿈을 꾸다

こわいおもいをする(怖い思いをする) = 무서운 기분이 들다

すごいかおでにらむ(凄い顔で睨む) = 무서운 얼굴로 노려보다

すごいうなりごえ(凄い唸り声) = 무서운 신음소리

すさまじいぎょうそう(凄まじい形相) = 무시무시한 형상

すさまじいぎゃくさつげんば(凄まじい虐殺現場) = 처참한 학살 현장

じつにざんねんだ(実に残念だ) = 실로 유감이다
ざんねんにおもう(残念に思う) = 유감스럽게 생각하다

しんぱいをかける(心配を掛ける) = 걱정을 끼치다
しんぱいがたえない(心配が絶えない) = 걱정이 끊이지 않다

ひうんをなげく(悲運を嘆く) = 비운을 한탄하다
とものしをなげく(友の死を嘆く) = 친구의 죽음을 슬퍼하다

 *kotoba*

あくたれ(悪たれ) = 심한 장난
ほら(法螺) = 허풍을 떪
おせじ(お世辞) = 발림말
しわざ(仕業) = 소행

しんけん(真剣) = 진지
ものいい(物言い) = 말투
うらみ(恨み) = 원한
ざんねん(残念) = 유감

そこなう(損なう) = 상하다
ほぐれる(解れる) = 풀리다
はれる(晴れる) = 개다
うとましい(疎ましい) = 지겹다
はばかる(憚る) = 꺼리다
うとむ(疎む) = 싫어하다
はがゆい(歯痒い) = 답답하다
やましい(疾しい) = 꺼림칙하다
くどい(諄い)
 = 시원스럽지 못하다

しかめる(顰める) = 찡그리다
つぶやく(呟く) = 중얼거리다
そそのかす(唆す) = 부추기다
いらう(弄う) = 가지고 놀다
ひるむ(怯む) = 주눅 들다
はずかしめる(辱める)
 = 창피를 주다
きおくれ(気後れ) = 기가 죽다
まどう(惑う) = 망설이다
まぎれる(紛れる) = 헷갈리다

 *kotoba*

とまどう(戸惑う) = 망설이다
どもる(吃る) = 말을 더듬다
たどたどしい(辿辿しい)
= 더듬거리다
しらじらしい(白白しい)
= 속이 들여다보이다
あざける(嘲る) = 비웃다
いんきくさい(陰気臭い)
= 음침하다
せせらわらう(せせら笑う)
= 비웃다
そしる(謗る) = 헐뜯다

ののしる(罵る) = 욕하다
のろう(呪う) = 저주하다
めぐむ(恵む) = 베풀다
ひいきにする(贔屓にする)
= 편들다
すねる(拗ねる) = 비꼬이다
そねむ(嫉む) = 시기하다
にらむ(睨む) = 노려보다
うなる(唸る) = 신음하다
すさまじい(凄まじい)
= 처참하다
なげく(嘆く) = 한탄하다

40

인간과 사회 - 2

　사람들은 무엇인가 이루려는 욕망이 강합니다. 욕망을 충족시키기 위해 힘이 있는 윗사람과의 관계를 잘 유지하려고 합니다. 그러나 일이 원만스럽게 진행되지 않으면 속상해 하고, 괴로워합니다. 불편한 마음은 자신을 괴롭힐 뿐만 아니라 남도 괴롭힙니다. 마음은 전파력이 강한 에너지이기 때문입니다.

❶ 대부분의 사람들은 성취하려는 욕구가 강합니다. 그래서 많은 사람들이 지위가 높고 재력이 있는 사람들을 부러워합니다. 욕심이 많기 때문이지요.

なをとげる(名を遂げる) = 이름을 얻다

こころざしをとげる(志を遂げる) = 뜻을 이루다

ほんもうをとげる(本望を遂げる) = 소망을 이루다

よくじょうをとげる(欲情を遂げる) = 욕정을 채우다

いぎょうをなしとげる(偉業を成し遂げる) = 위업을 완수하다

ついになしとげる(ついに成し遂げる) = 기어코 성취하다

おもいのごとくなしとげる(思いの如く成し遂げる)
= 생각했던 대로 완수하다

しゅっせをのぞむ(出世を望む) = 출세를 바라다

だれでもこうふくをのぞむ(誰でも幸福を望む)
= 누구나 행복을 원한다

のぞんでやまない(望んで止まない) = 바라 마지않다

くらいがたかい(位が高い) = 지위가 높다

ちょうかんのくらいにのぼる(長官の位に昇る)
= 장관의 지위에 오르다

かれのこううんがうらやましい(彼の幸運が羨ましい)
= 그의 행운이 부럽다

ぜいたくなせいかつがうらやましい(贅沢な生活が羨ましい)

= 사치스러운 생활이 부럽다

かねがほしい(金が欲しい) = 돈을 갖고 싶다

いえがほしい(家が欲しい) = 집을 갖고 싶다

あたらしいじどうしゃがほしい(新しい自動車が欲しい)
= 새 자동차를 갖고 싶다

かねをほしがる(金を欲しがる) = 돈을 탐내다

ちいをほしがる(地位を欲しがる) = 지위를 탐내다

むやみにほしがる(無闇に欲しがる) = 무턱대고 탐내다

りをむさぼる(利を貪る) = 이익을 탐하다

あんいつをむさぼる(安逸を貪る) = 안일을 탐하다

❷ 예부터 출세를 지향하는 사람은 윗사람을 두려워하며 아첨했습니다. 상대를 높이고 자신을 낮추는 말을 썼습니다. 윗사람이 기라면 기는 시늉까지 하는 사람도 있었습니다.

あいてをおそれる(相手を恐れる) = 상대를 두려워하다

ほうふくをおそれる(報復を恐れる) = 보복을 두려워하다

おそれてくちをつぐむ(恐れて口を噤む) = 두려워 입을 다물다

かしこまる(畏まる) = 황공하여 삼가다 ; 송구해하다

かしこまってきく(畏まって聞く) = 황공해하며 듣다

かしこまってはなしをする(畏まって話をする) = 공손히 말을 하다

へつらいをいう(諂いを言う) = 아첨하다

しゃちょうにへつらう(社長に諂う) = 사장에게 아첨하다

おうさまをえっけんする(王様を謁見する) = 임금님을 알현하다

えっけんをたまう(謁見を賜う) = 접견을 허용하시다

おほめのことばをたまう(お褒めの言葉を賜う)
= 칭찬하는 말씀을 내리시다

てんのうがかたなをさずける(天皇が刀を授ける)
= 천황이 칼을 하사하다

てんのうがくんしょうをさずける(天皇が勲章を授ける)
= 천황이 훈장을 수여하다

おんけいをこうむる(恩恵を被る) = 은혜를 입다

ごめんをこうむる(御免を被る) = 용서를 받다

おしかりをこうむる(お叱りを被る) = 꾸중을 듣다

おしえたてまつる(教え奉る) = 알려드리다

かいちょうにたてまつる(会長に奉る) = 회장으로 모시다

しんねんをがしたてまつる(新年を賀し奉る)
= 신년을 축하드리나이다

しゅくはいをささげる(祝杯を捧げる) = 축배를 올리다

みつぎものをささげる(貢ぎ物を捧げる) = 공물을 바치다

いのちをささげる(命を捧げる) = 목숨을 바치다

あかんぼうがはう(赤ん坊が這う) = 아기가 기다

しゅくんのまえでずるずるはう(主君の前でずるずる這う)
= 주군 앞에서 벌벌 기다

❸ 무언가 뜻이 있고 바라는 것이 있는 사람은 윗사람에게 아첨합니다. 일단 윗사람이 총애를 입으면 행동을 개시합니다. 윗사람의 팔에 매달리거나 달라붙어서 끈덕지게 졸라 자기 목적을 달성합니다.

ちょうあいをうける(寵愛を受ける) = 총애를 받다

ちょうあいになれる(寵愛に馴れる) = 총애를 받아 버릇이 없다

ぜんしょをねがう(善処を願う) = 선처를 바라다

これもあわせてねがう(此れも合わせて願う) = 이것도 아울러 부탁한다

おねがいしたいことがある(お願いしたい事がある)
= 부탁드리고 싶은 것이 있다

じょりょくをこう(助力を請う) = 도움을 청하다
あわれみをこう(哀れみを請う) = 동정을 바라다
じょめいをこう(助命を請う) = 구명을 청하다

うでにすがる(腕に縋る) = 팔에 매달리다
つえにすがる(杖に縋る) = 지팡이에 의지하다
たにんにすがる(他人に縋る) = 남에게 의지하다

くびにしがみつく(首にしがみつく) = 목에 매달리다
ぶちょうのいすにしがみつく(部長の椅子にしがみつく)
= 부장 자리에 매달리다
みにくくしがみつく(醜くしがみつく) = 보기 흉하게 매달리다

しつこいひと(しつこい人) = 집요한 사람
しつこいしつもん(しつこい質問) = 끈질긴 질문
しつこくてかなわない(しつこくて敵わない) = 집요해서 견딜 수 없다

しつこくねだる(しつこく強請る) = 끈질기게 졸라대다
しきりにねだる(仕切りに強請る) = 자꾸만 졸라대다

ねだりとる(強請り取る) = 졸라대어 얻다

❹ 원하는 것을 얻지 못하면 당황해서 애가 타는 사람이 있습니다. 안달하는 사람은 참거나 견디지 못합니다. 서두를 뿐입니다. 마음이 조급해서 일어나는 일이니 한심하지만 어찌할 도리가 없지요.

けいかくがばれてあわてる(計画がばれて慌てる)
= 계획이 탄로나서 당황하다
あわてたかおをする(慌てた顔をする) = 당황한 얼굴을 하다

かれのはなしにじれる(彼の話に焦れる) = 그의 이야기에 초조해지다
うまくいかなくてじれる(旨く行かなくて焦れる)
= 잘 되지 않아서 초조해지다

かちをあせる(勝ちを焦る) = 이기려고 초조해하다
あせってじめつする(焦って自滅する) = 초조하게 굴어 자멸하다

せっかちなせいかく(せっかちな性格) = 성급한 성격
せっかちにせきたてる(せっかちに急き立てる) = 조급히 재촉하다

あらなみにたえる(荒波に耐える) = 거친 풍파에 견디다

きゅうぼうにたえる(窮乏に耐える) = 궁핍을 참고 견디다

ちじょくにたえる(恥辱に耐える) = 치욕을 견디다

なみだをこらえる(涙を堪える) = 눈물을 참다

いかりをこらえる(怒りを堪える) = 노여움을 누르다

あつさをしのぐ(暑さを凌ぐ) = 더위를 견뎌내다

うえをしのぐ(飢えを凌ぐ) = 굶주림을 견뎌내다

さぎょうをいそぐ(作業を急ぐ) = 작업을 서두르다

かんせいをいそぐ(完成を急ぐ) = 완성을 서두르다

なさけないせいせき(情けない成績) = 한심스러운 성적

じぶんながらなさけない(自分ながら情けない)
= 스스로 생각해도 한심하다

どうにもじゅつない(どうにも術無い) = 어쩔 도리가 없다

じゅつなくかいしゃをやめる(術無く会社を辞める)
= 도리 없이 회사를 그만두다

❺ 어려움에 닥치면 정신이 나가서 괴로워합니다. 생각하고 궁리해

도 헤쳐 나갈 방법이 없으면 지치게 되고, 결국은 체념하지 않을 수 없게 됩니다.

あたまがとぼける(頭が惚ける) = 머리가 멍청해지다
とぼけたかお(惚けた顔) = 멍청한 얼굴

ひとしれずなやむ(人知れず悩む) = 남몰래 고민하다
ないてきなもんだいでなやむ(内的な問題で悩む)
= 내적인 문제로 고민하다
しゅういのむりかいになやむ(周囲の無理解に悩む)
= 주위의 몰이해에 고민하다

ぼんやりかんがえこむ(ぼんやり考え込む) = 멀거니 생각에 잠기다
うでぐみをしてかんがえこむ(腕組みをして考え込む)
= 팔짱을 끼고 생각에 잠기다

いろいろとおもいめぐらす(いろいろと思い巡らす)
= 여러모로 궁리를 하다
しょうらいをおもいめぐらす(将来を思い巡らす)
= 장래를 여러모로 생각하다

げんいんをしらべる(原因を調べる) = 원인을 살펴보다

くわしくしらべる(詳しく調べる) = 자세하게 알아보다

しらみつぶしにしらべる(虱潰しに調べる) = 이 잡듯이 샅샅이 뒤지다

しんけいがつかれる(神経が疲れる) = 신경이 피로해지다

つかれてすわりこむ(疲れて座り込む) = 지쳐서 주저앉아 버리다

つかれてむくちになる(疲れて無口になる) = 지쳐서 말수가 적어지다

すっかりくたびれる(すっかり草臥れる) = 몹시 지치다

くたびれがお(草臥れ顔) = 지친 얼굴

しかたがないとあきらめる(仕方がないと諦める)
= 어쩔 수 없다고 체념하다

だめだとあきらめる(だめだと諦める) = 가망성이 없다고 체념하다

じごうじとくとあきらめる(自業自得と諦める)
= 자업자득이라고 체념하다

❻ 걸핏하면 화를 내는 사람이 있습니다. 분하다고 생각하면 핏대를 올리며 상대를 책망하거나 부하를 꾸짖습니다. 미쳐서 날뛰는 사람도 있습니다. 그러나 화를 내면 항상 후회하고 뉘우치게 되지요.

れっかのごとくおこる(烈火の如く怒る) = 열화와 같이 화내다

めにかどをたてておこる(目に角を立てて怒る)

= 눈에 쌍심지를 켜고 화내다

こうふんしてどなる(興奮して怒鳴る) = 흥분해서 고함치다

どなるじょうし(怒鳴る上司) = 고함치는 상사

くやしいおもいをする(悔しい思いをする) = 분한 생각이 들다

くやしくてたまらない(悔しくて堪らない) = 분해서 참을 수 없다

けしからぬふるまい(怪しからぬ振舞い) = 발칙한 짓

けしからぬやつ(怪しからぬ奴) = 발칙한 놈

けしからぬかんがえをもつ(怪しからぬ考えを持つ)

= 발칙한 생각을 갖다

あおすじをたてる(青筋を立てる) = 핏대를 세우다

くびにあおすじがはしる(首に青筋が走る) = 목에 핏대가 서다

ひとのあやまちをとがめる(人の過ちを咎める) = 남의 잘못을 꾸짖다

ぶかのしっぱいをとがめる(部下の失敗を咎める)

= 부하의 실수를 꾸짖다

あたまがくるう(頭が狂う) = 머리가 돌다

きがくるう(気が狂う) = 정신이 돌다 ; 미치다

からだのちょうしがくるう(体の調子が狂う)
= 건강 상태가 이상해지다

きょうきのようにあばれる(狂気のように暴れる) = 미친 듯이 날뛰다

おもいきりあばれる(思い切り暴れる) = 마음껏 날뛰다

あやまちをくいる(過ちを悔いる) = 잘못을 뉘우치다

けいそつなこうどうをくいる(軽率な行動を悔いる)
= 경솔한 행동을 후회하다

❼ 목적을 달성하기 위해 남을 속이는 사람이 있습니다. 얼버무리거나 거짓말로 속이는 사람도 있고, 날조하는 사람도 있습니다. 천벌을 받겠지요.

ひとをだます(人を騙す) = 사람을 속이다

さぎしにだまされる(詐欺師に騙される) = 사기꾼에게 속다

あまいことばにだまされる(甘い言葉に騙される)
= 달콤한 말에 속아 넘어가다

めをごまかす(目を誤魔化す) = 눈을 속이다

はなしをごまかす(話を誤魔化す) = 말을 얼버무리다

わらってごまかす(笑って誤魔化す) = 웃으면서 어물어물 넘기다

ひとのめをあざむく(人の目を欺く) = 남의 눈을 속이다
まんまとあざむく(まんまと欺く) = 감쪽같이 속이다
いちみがくんであざむく(一味が組んで欺く) = 한패가 짜고 속이다

あいまいにちゃかす(曖昧に茶化す) = 두루뭉술하게 얼버무리다
うまくちゃかしてにげる(巧く茶化して逃げる)
= 적당히 얼버무리고 달아나다

へいきでうそをつく(平気で嘘を吐く) = 예사로 거짓말을 하다
でたらめなうそ(出鱈目な嘘) = 터무니없는 거짓말
あかのうそ(赤の嘘) = 새빨간 거짓말

じけんをでっちあげる(事件を捏ち上げる) = 사건을 조작하다
はなしをでっちあげる(話を捏ち上げる) = 이야기를 꾸며대다
しゅくだいをでっちあげる(宿題を捏ち上げる)
= 숙제를 얼렁뚱땅 해치우다

てんばつをこうむる(天罰を被る) = 천벌을 받다
てんばつがくだる(天罰が下る) = 천벌이 내리다
てんばつをうけるべきざいにん(天罰を受けるべき罪人)

= 천벌을 받을 죄인

 **kotoba**

ほんもう(本望) = 소망	うでぐみ(腕組み) = 팔짱
あわれみ(哀れみ) = 동정	しらみつぶしに(虱潰しに)
じょめい(助命) = 구명	= 이 잡듯이
あらなみ(荒波) = 거친 풍파	けしからぬ(怪しからぬ)
ちじょく(恥辱) = 치욕	= 발칙한
いかり(怒り) = 노여움	あおすじ(青筋) = 핏대
むりかい(無理解) = 몰이해	あやまち(過ち) = 잘못

とげる(遂げる) = 이루다
うらやましい(羨ましい)
= 부럽다
むさぼる(貪る) = 탐하다
つぐむ(噤む) = 다물다

かしこまる(畏まる)
= 송구해하다
へつらう(諂う) = 아첨하다
こうむる(被る) = 입다
さずける(授ける) = 하사하다

kotoba

ささげる(捧げる) = 올리다
すがる(縋る) = 의지하다
ねだる(強請る) = 졸라대다
あわてる(慌てる) = 당황하다
じれる(焦れる) = 초조해지다
たえる(耐える) = 견디다
こらえる(堪える) = 참다
しのぐ(凌ぐ) = 견뎌내다
なさけない(情けない) = 한심하다
じゅつない(術無い) = 도리가 없다

くたびれる(草臥れる) = 지치다
あきらめる(諦める) = 체념하다
どなる(怒鳴る) = 고함치다
くやしい(悔しい) = 분하다
とがめる(咎める) = 꾸짖다
くいる(悔いる) = 뉘우치다
だます(騙す) = 속이다
あざむく(欺く) = 속이다
ちゃかす(茶化す) = 얼버무리다
でたらめ(出鱈目) = 터무니없다
でっちあげる(捏ち上げる) = 조작하다

41

학교 ✤ 교육

일본인은 세계 어느 나라 사람보다도 교육에 관심이 많습니다. 교육을 통해 지식을 쌓을 뿐만 아니라 사회의 구성원으로 살아갈 수 있는 교양을 몸에 익힙니다. 학교, 학교생활, 교과목, 어학, 언어, 수학, 과학, 역사 등의 용어에 대해 알아보기로 합시다.

❶ 일본의 학교는 단계별로 소학교, 중학교, 고등학교, 단기대학, 대학, 대학원으로 구분합니다. 소학교에 들어가기 전에 유치원에 다닐 수도 있습니다.

ようちえんのねんしょうぐみ(幼稚園の年少組) = 유치원의 유아반

ようちえんのえんじ(幼稚園の園児) = 유치원의 원아

しょうがっこういちねんせい(小学校一年生) = 초등학교 1학년 학생

しょうがっこうにしゅうがくする(小学校に就学する)
= 초등학교에 취학하다

だいがくふせつちゅうがっこう(大学付設中学校) = 대학부설 중학교

ちゅうがっこうのせいと(中学校の生徒) = 중학교 학생

ちゅうがっこうのきょうし(中学校の教師) = 중학교 교사

こうこうにすすむ(高校に進む) = 고교에 진학하다

じんぶんけいこうこう(人文系高校) = 인문계 고등학교

ぜんりょうせいのこうこう(全寮制の高校) = 전원 기숙사제 고등학교

だいがくにゅうしようこう(大学入試要綱) = 대학 입시 요강

だいがくにゅうしのせまきもん(大学入試の狭き門)
= 대학입시의 좁은 문

めいもんだいがくにごうかくする(名門大学に合格する)
= 명문대학에 합격하다

だいがくにざいがくしている(大学に在学している)
= 대학에 재학하고 있다

だいがくのどうもん(大学の同門) = 대학 동문

だいがくいんにせきをおく(大学院に籍を置く) = 대학원에 적을 두다
だいがくいんのかていをふむ(大学院の課程を踏む)
= 대학원 과정을 밟다

❷ 소학교에서 대학까지 귀에 익숙한 용어

きょういく(教育) = 교육   ようせい(養成) = 양성
がくひ(学費) = 학비   しょうがくきん(奨学金) = 장학금
としょかん(図書館) = 도서관   きょうしつ(教室) = 교실
とうこう(登校) = 등교   げこう(下校) = 하교
にゅうがく(入学) = 입학   そつぎょう(卒業) = 졸업
がくねん(学年) = 학년   てんこう(転校) = 전학
たいがく(退学) = 퇴학   きゅうがく(休学) = 휴학
にゅうし(入試) = 입시   ごうかく(合格) = 합격
ふごうかく(不合格) = 불합격   けっせき(欠席) = 결석
しゅっせき(出席) = 출석   ちしき(知識) = 지식
かだい(課題) = 과제   しけん(試験) = 시험
もんだい(問題) = 문제   とうあん(答案) = 답안
べんきょう(勉強) = 공부   しゅくだい(宿題) = 숙제
しつもん(質問) = 질문   こたえ(答え) = 답
へんじ(返事) = 대답   れんしゅう(練習) = 연습

ふくしゅう(復習) = 복습	よしゅう(予習) = 예습
がくしゅう(学習) = 학습	けんがく(見学) = 견학
あんき(暗記) = 암기	せいせき(成績) = 성적
かいとう(解答) = 해답	せいかい(正解) = 정답
さいてん(採点) = 채점	だんかい(段階) = 단계
きゅうしょく(給食) = 급식	えんそく(遠足) = 소풍
せんぱい(先輩) = 선배	こうはい(後輩) = 후배
たんにん(担任) = 담임	おんし(恩師) = 은사
じしょ(辞書) = 사전	さんこうしょ(参考書) = 참고서
しゅうがくりょこう(修学旅行) = 수학여행	きょうかしょ(教科書) = 교과서
	どうきゅうせい(同級生) = 동급생
じょうきゅうせい(上級生) = 상급생	かきゅうせい(下級生) = 하급생
	どうそうかい(同窓会) = 동창생

❸ 대학생의 귀에 익숙한 용어

こうざ(講座) = 강좌	ふくがく(復学) = 복학
りゅうがく(留学) = 유학	がくもん(学問) = 학문
りろん(理論) = 이론	ろんり(論理) = 논리
しりょう(資料) = 자료	りかい(理解) = 이해
ろんぶん(論文) = 논문	じょろん(序論) = 서론

ほんろん(本論) = 본론 けつろん(結論) = 결론
せんこう(専攻) = 전공 かいしゃく(解釈) = 해석
こうぎ(講義) = 강의 けんきゅう(研究) = 연구
しどう(指導) = 지도 たんい(単位) = 단위
にゅうもん(入門) = 입문 かてい(過程) = 과정
しゅうりょう(修了) = 수료 きょうじゅ(教授) = 교수
こうし(講師) = 강사 がくちょう(学長) = 학장
がくい(学位) = 학위 がくし(学士) = 학사
しゅうし(修士) = 석사 はかせ(博士) = 박사

❹ 소학교에서 고등학교까지 배우는 과목

こくご(国語) = 국어 さんすう(算数) = 산수
すうがく(数学) = 수학 かがく(科学) = 과학
ぶつり(物理) = 물리 かがく(化学) = 화학
せいぶつ(生物) = 생물 しゃかい(社会) = 사회
ちり(地理) = 지리 てつがく(哲学) = 철학
どうとく(道徳) = 도덕 りんり(倫理) = 윤리
こくし(国史) = 국사 れきし(歴史) = 역사
せかいし(世界史) = 세계사 かてい(家庭) = 가정
ぎじゅつ(技術) = 기술 たいいく(体育) = 체육

ずが(図画) = 도화   こうさく(工作) = 공작
えいご(英語) = 영어   がいこくご(外国語) = 외국어

❺ 중학생과 고등학생 귀에 익숙한 어학 관련 용어

たんご(単語) = 단어   じゅくご(熟語) = 숙어
はつおん(発音) = 발음   だんらく(段落) = 단락
ぼいん(母音) = 모음   しいん(子音) = 자음
ぶんご(文語) = 문어   こうご(口語) = 구어
こぶん(古文) = 고문   かんぶん(漢文) = 한문
いみ(意味) = 의미   ようご(用語) = 용어
かんじ(漢字) = 한자   ぶんぽう(文法) = 문법
めいし(名詞) = 명사   どうし(動詞) = 동사
けいようし(形容詞) = 형용사   ふくし(副詞) = 부사
せつぞくし(接続詞) = 접속사   じょし(助詞) = 조사
しゅご(主語) = 주어   じゅつご(述語) = 술어
もくてきご(目的語) = 목적어   どういご(同意語) = 동의어
はんいご(反意語) = 반의어   ぼこくご(母国語) = 모국어
ほうげん(方言) = 방언   ひょうじゅんご(標準語) = 표준어

❻ 문학 관련 용어

さんぶん(散文) = 산문	いんぶん(韻文) = 운문
し(詩) = 시	しょうせつ(小説) = 소설
ずいひつ(随筆) = 수필	にっき(日記) = 일기
でんき(伝記) = 전기	げんこう(原稿) = 원고
ひょうろん(評論) = 평론	ひひょう(批評) = 비평
じじょでん(自叙伝) = 자서전	かいころく(回顧録) = 회고록
しばい(芝居) = 연극	げきさっか(劇作家) = 극작가
きゃくほん(脚本) = 각본	ばめん(場面) = 장면
きげき(喜劇) = 희극	ひげき(悲劇) = 비극
たんか(短歌) = 단가	ふうし(風刺) = 풍자
ものがたり(物語) = 이야기	でんせつ(伝説) = 전설
しんわ(神話) = 신화	ぐうわ(寓話) = 우화
どうわ(童話) = 동화	しゅじんこう(主人公) = 주인공
おに(鬼) = 도깨비	かいぶつ(怪物) = 괴물
だいめい(題名) = 제명, 제목	ぶんたい(文体) = 문체

❖ わか(和歌)는 일본에서 가장 오랜 전통을 지닌 시가입니다. 7세기 중엽부터 많은 작품이 전해 내려옵니다. 和歌의 작가를 かじん(歌人)이라고 부릅니다. 와카에서 나온 はいく(俳句)는 일본의 전통적인 단가입니다. 5·7·5음으로 구성된 17음으로 시를 지어야 합니다. 俳句를 짓는 시인을 はいじん(俳人)이라고 합니다. 대표적인 俳人으로 17세기 후반에 활약한 まつおばしょう(松尾芭蕉)를 들 수 있습니다. 俳句의 한 갈래로 18세기 말부터 유행한 せんりゅう(川柳)가 있습니다. 川柳는 날카로운 풍자를 특징으로 합니다.

❼ 수학·과학 관련 용어

びぶん(微分) = 미분	せきぶん(積分) = 적분
しゅうごう(集合) = 집합	かくりつ(確率) = 확률
とうけい(統計) = 통계	めんせき(面積) = 면적
ちょっけい(直径) = 직경	はんけい(半径) = 반경
けいさん(計算) = 계산	ごうけい(合計) = 합계
へいきん(平均) = 평균	ひれい(比例) = 비례
ぶっしつ(物質) = 물질	きたい(気体) = 기체
えきたい(液体) = 액체	こたい(固体) = 고체

おんど(温度) = 온도 しつど(湿度) = 습도
ばりき(馬力) = 마력 ぼうちょう(膨張) = 팽창
ふっとう(沸騰) = 비등 じょうはつ(蒸発) = 증발
まさつ(摩擦) = 마찰 あつりょく(圧力) = 압력
そくど(速度) = 속도 みつど(密度) = 밀도
じゅうしん(重心) = 중심 じゅうりょう(重量) = 중량
ひじゅう(比重) = 비중 めもり(目盛) = 눈금
はんしゃ(反射) = 반사 くっせつ(屈折) = 굴절
しょうてん(焦点) = 초점 おんぱ(音波) = 음파
げんし(原子) = 원자 でんし(電子) = 전자
でんりゅう(電流) = 전류 でんぱ(電波) = 전파
でんち(電池) = 전지 ほうしゃのう(放射能) = 방사능
けっしょう(結晶) = 결정 ようえき(溶液) = 용액
すいそ(水素) = 수소 さんそ(酸素) = 산소
ちっそ(窒素) = 질소 たんそ(炭素) = 탄소
こうそ(酵素) = 효소 はっこう(発酵) = 발효
せんしょくたい(染色体) = 염색체 いでん(遺伝) = 유전

❽ 역사 관련 용어

れきし(歴史) = 역사 ぶんめい(文明) = 문명

ぶんか(文化) = 문화	ぶし(武士) = 무사
じだい(時代) = 시대	ろうにん(浪人) = 낭인
こだい(古代) = 고대	ひゃくしょう(百姓) = 농민
ちゅうせい(中世) = 중세	しょうにん(商人) = 상인
きんせい(近世) = 근세	しょくにん(職人) = 직인
きんだい(近代) = 근대	ばくふ(幕府) = 막부
げんだい(現代) = 현대	しょうぐん(将軍) = 쇼군
ねんごう(年号) = 연호	だいみょう(大名) = 다이묘
しんりゃく(侵略) = 침략	せんそう(戦争) = 전쟁
こうさく(耕作) = 경작	ぼうえき(貿易) = 무역
とらい(渡来) = 도래	こうえき(交易) = 교역
でんぱ(伝播) = 전파	ゆしゅつ(輸出) = 수출
せいばつ(征伐) = 정벌	ゆにゅう(輸入) = 수입
しはい(支配) = 지배	ごうしょう(豪商) = 호상
かいきゅう(階級) = 계급	なんばん(南蛮) = 남만
みぶん(身分) = 신분	かへい(貨幣) = 화폐
こふん(古墳) = 고분	りゅうつう(流通) = 유통
かいづか(貝塚) = 패총	せいど(制度) = 제도
てんのう(天皇) = 천황	ききん(飢饉) = 기근
きぞく(貴族) = 귀족	いっき(一揆) = 농민봉기
りょうみん(良民) = 양민	はんらん(反乱) = 반란
どれい(奴隷) = 노예	そうどう(騒動) = 소동

きんれい(禁令) = 금령

さこく(鎖国) = 쇄국

かいしゅう(改宗) = 개종

かまくら(鎌倉) = 가마쿠라

えど(江戸) = 에도

たいしょう(大正)
= 다이쇼

しょうわ(昭和) = 쇼와

かいかく(改革) = 개혁

ついほう(追放) = 추방

なら(奈良) = 나라

むろまち(室町) = 무로마치

めいじいしん(明治維新)
= 메이지 유신

へいせい(平成) = 헤이세이

 *kotoba*

ようちえん(幼稚園) = 유치원
ねんしょうぐみ(年少組) = 유아반
せいと(生徒) = 학생
しょうがっこう(小学校) = 초등학교
ふせつ(付設) = 부설
きょうし(教師) = 교사

こうこう(高校) = 고교
じんぶんけい(人文系) = 인문계
りょう(寮) = 기숙사
にゅうし(入試) = 입시
ようこう(要綱) = 요강
めいもん(名門) = 명문
どうもん(同門) = 동문
かてい(課程) = 과정

しゅうがくする(就学する) = 취학하다
すすむ(進む) = 진학하다
おく(置く) = 두다

せまい(狭い) = 좁다
ごうかくする(合格する) = 합격하다
ふむ(踏む) = 밟다

42

통신 ✣ 미디어

한때 우편과 전화가 가장 중요한 통신수단이었고, 방송, 신문, 잡지, 책 등은 중요한 정보를 제공했습니다. 요즈음에는 스마트폰과 인터넷이 그 자리를 차지했습니다.

❶ 우편

ゆうびんきょく(郵便局) = 우체국
ゆうびんポスト(郵便ポスト) = 우체통
ゆうびんうけ(郵便受け) = 우편함
ゆうびんばんごう(郵便番号) = 우편번호

ゆうびんはいたつにん(郵便配達人) = 우편집배원
かきとめとそくたつ(書留と速達) = 등기우편과 속달
にもつとこづつみ(荷物と小包) = 짐과 소포
てがみとびんせん(手紙と便箋) = 편지와 편지지
きってとふうとう(切手と封筒) = 우표와 봉투
はがきとえはがき(葉書と絵葉書) = 엽서와 그림엽서
つうちとでんぽう(通知と電報) = 통지와 전보
ねんがじょうとじゅうしょ(年賀状と住所) = 연하장과 주소
さしだしにんとうけとりにん(差出人と受取人) = 발신인과 수신인
あてなとあてさき(宛名と宛先) = 수신인의 이름과 수신인의 주소
たくはいとバイクびん(宅配とバイク便) = 택배와 퀵서비스
ふなびんとこうくうびん(船便と航空便) = 배편과 항공편

❷ 전화

≪일반전화≫

こうしゅうでんわ(公衆電話) = 공중전화
でんわばんごう(電話番号) = 전화번호
じゅわき(受話器) = 수화기
ないせんとがいせん(内線と外線) = 내선과 외선

きょくばんとしがいきょくばん(局番と市外局番) = 국번과 지역번호

こくさいでんわ(国際電話) = 국제전화

るすばんでんわ(留守番電話) = 자동응답전화기

はなしちゅう(話し中) = 통화중

テレホンカード = 전화카드

つうわとでんごん(通話と伝言) = 통화와 전언

ひゃくとおばん(110番) = 110번 비상호출(경찰)

ひゃくじゅうきゅうばん(119番) = 화재신고(소방)

≪휴대폰≫

けいたいでんわ(携帯電話); ケータイ(携帯) = 휴대전화

カメラ付(つ)きのケータイ = 카메라폰

テレビでんわ(テレビ電話) = 화상 전화

えきしょうがめん(液晶画面) = 액정화면

まちうけがめん(待ち受け画面) = 바탕화면

がそとがしつ(画素と画質) = 화소와 화질

きしゅへんこうする(機種変更する) = 휴대폰을 바꾸다(기종변경)

ちゃくしんおん(着信音) = 착신음

ちゃくしんメロディー(着信メロディー) = 수신 멜로디

バッテリーがきれる(バッテリーが切れる) = 배터리가 다 되다

じゅうでんする(充電する) = 충전하다

しゃしんをとる(写真を撮る) = 사진을 찍다

かくしどり(隠し撮り) = 몰카

じぶんどり(自分撮り) = 셀카

どうが(動画) = 동영상

せいしが(静止画) = 정지 화면

❸ 방송

にほんほうそうきょうかい(日本放送協会) = 일본방송협회

ほうそうきょく(放送局) = 방송국

テレビとラジオ = 텔레비전과 라디오

ケーブルテレビ = 케이블티브이

ほうそうとちゅうけい(放送と中継) = 방송과 중계

なまほうそうとさいほうそう(生放送と再放送) = 생방송과 재방송

ほうどうとほうどうじん(報道と報道陣) = 보도와 보도진

しちょうしゃとしちょうりつ(視聴者と視聴率) = 시청자와 시청률

チャンネルとばんぐみ(チャンネルと番組) = 채널과 프로

アナウンサーとしかいしゃ(アナウンサーと司会者)
= 아나운서와 사회자

スタジオとえんしゅつ(スタジオと演出) = 스튜디오와 연출

コマーシャル(CM)とスポンサー = 광고와 스폰서

ろくがとろくおん(録画と録音) = 녹화와 녹음

れんぞくドラマ(連続ドラマ) = 연속극

のどじまん(喉自慢) = 노래자랑

❹ 신문

あさひしんぶんしゃ(朝日新聞社) = 아사히 신문사

よみうりしんぶんしゃ(読売新聞社) = 요미우리 신문사

まいにちしんぶんしゃ(毎日新聞社) = 마이니치 신문사

ちょうかんとゆうかん(朝刊と夕刊) = 조간과 석간

きしゃとしゅざい(記者と取材) = 기자와 취재

ニュースとみだし(ニュースと見出し) = 뉴스와 헤드라인

きじととくだね(記事と特種) = 기사와 특종

そくほうとごうがい(速報と号外) = 속보와 호외

つうしんしゃととくはいん(通信社と特派員) = 통신사와 특파원

へんしゅうとほうどう(編集と報道) = 편집과 보도

しゃせつとろんせつ(社説と論説) = 사설과 논설

はっぴょうときしゃかいけん(発表と記者会見) = 발표와 기자회견

どくしゃとこうどく(読者と購読) = 독자와 구독

❺ 잡지와 출판

ざっしとしょせき(雑誌と書籍) = 잡지와 서적
しゅうかんしとげっかんし(週刊誌と月刊誌) = 주간지와 월간지
ていきかんこうぶつ(定期刊行物) = 정기간행물
げんこうとけいさい(原稿と掲載) = 원고와 게재
さしえとひょうし(挿絵と表紙) = 삽화와 표지
まえがきとあとがき(前書と後書) = 머리말과 발문
かいせつとさくいん(解説と索引) = 해설과 색인
いんさつとこうてい(印刷と校訂) = 인쇄와 교정
せいほんとそうてい(製本と装幀) = 제본과 장정
かんこうとしんかん(刊行と新刊) = 간행과 신간
しょはんとさいはん(初版と再版) = 초판과 재판
たんこうぼんとぶんこぼん(単行本と文庫本) = 단행본과 문고본
どうわとまんが(童話と漫画) = 동화와 만화
ししゅうとじどうしょ(詩集と児童書) = 시집과 아동서
えほんとしゃしんしゅう(絵本と写真集) = 그림책과 사진집
しゅっぱんしゃといんさつしょ(出版社と印刷所) = 출판사와 인쇄소
しょてんとふるほんや(書店と古本屋) = 서점과 헌책방

❻ 컴퓨터 · 인터넷 · 이메일

≪컴퓨터≫

コンピューター = 컴퓨터

パソコン = PC

デスクトップ = 데스크톱

ノートブック = 노트북

キーボードとディスプレイ = 키보드와 모니터

ソフトウェアとファイル = 소프트웨어와 파일

マウスとマウスパッド = 마우스와 마우스패드

プリンターとスキャナー = 프린터와 스캐너

マイクとスピーカー = 마이크와 스피커

でんげんをいれる(電源を入れる) = 전원을 켜다

ブーティングする = 컴퓨터를 켜다

キーボードをうつ(キーボードを打つ) = 키보드를 치다

ソフトウェアをくみこむ(ソフトウェアを組み込む)
= 소프트웨어를 깔다

たちあげとしゅうりょう(立ち上げと終了) = 시동과 종료

ひらくととじる(開くと閉じる) = 열기와 닫기

しんきさくせい(新規作成) = 신규작성

ほぞんとさくじょ(保存と削除) = 보존과 삭제

ページせってい(ページ設定) = 페이지 설정

いんさつはんい(印刷範囲) = 인쇄범위

きりとりとはりつけ(切り取りと貼り付け) = 오려두기와 붙여넣기

あっしゅくとかいとう(圧縮と解凍) = 압축과 압축풀기

ユーザーのせってい(ユーザーの設定) = 사용자 설정

たんまつきとしゅうへんきき(端末機と周辺機器) = 단말기와 주변기기

≪인터넷≫

インターネット = 인터넷

ネットはいじん(ネット廃人) = 인터넷 중독자

パソコンおんち(パソコン音痴) = 컴맹

せつぞくする(接続する) = 접속하다

ログインとログアウト = 로그인과 로그아웃

ダウンロードとアップロード = 다운로드와 업로드

検索(けんさく)サイトとポータルサイト = 검색 사이트와 포털 사이트

かきこむ(書き込む) = 글을 올리다

レスをする = 리플을 달다

おきにいり(お気に入り) = 즐겨찾기

かく(書く) / おくる(送る) = (메일) 쓰다 / 보내다

とどく(届く) / てんぷする(添付する) = (메일) 도착하다 / 첨부하다
へんしんする(返信する) / てんそうする(転送する) = (메일) 답장하다 / 전달하다

 **kotoba**

かきとめ(書留) = 등기우편   こづつみ(小包) = 소포
はがき(葉書) = 엽서   けいたい(携帯) = 휴대
えきしょう(液晶) = 액정   がめん(画面) = 화면
ちゃくしん(着信) = 착신   ばんぐみ(番組) = 프로
とくだね(特種) = 특종   おんち(音痴) = 음치

くみこむ(組み込む) = 짜 넣다   きりとる(切り取る) = 잘라내다
たちあげる(立ち上げる) = 가동하다   とどく(届く) = 도착하다

43

교통 ✤ 운송

교통은 현대인의 생활에 밀착되어 있다고 할 수 있습니다. 혼자 이용하는 자전거도 있고, 여럿이 이용하는 대중교통도 있습니다. 교통수단은 날이 갈수록 인간생활에 편리하도록 발전하고 있습니다.

❶ 기본 어휘

バスがくるのをまつ(バスが来るのを待つ)
= 버스가 오는 것을 기다리다
くるのがおそい(来るのが遅い) = 오는 것이 늦다

バスがとおる(バスが通る) = 버스가 다니다

でんしゃがとおる(電車が通る) = 전철이 운행되다

われさきにとバスにのる(我先にとバスに乗る)
= 앞 다투어 버스에 타다

あさいちのでんしゃにのる(朝一の電車に乗る) = 아침 첫 전철을 타다

かたぐるまにのせる(肩車に乗せる) = 목말을 태우다

くるまにきゃくをのせる(車に客を乗せる) = 차에 손님을 태우다

ふねをおりる(船を降りる) = 배를 내리다

でんしゃからおりる(電車から降りる) = 전철에서 내리다

おりるえきをまちがえる(降りる駅を間違える) = 역을 잘못 내리다

じょうきゃくをおろす(乗客を降ろす) = 승객을 내려놓다

ここでおろしてください(ここで降ろして下さい) = 여기서 내려주세요

たびにでる(旅に出る) = 여행을 떠나다

バスがでる(バスが出る) = 버스가 출발하다

とうきょうにつく(東京に着く) = 도쿄에 도착하다

ふねがみなとにつく(船が港に着く) = 배가 항구에 도착하다

いちじかんもあればつく(一時間もあれば着く) = 한 시간이면 도착하다

ちかてつにのりかえる(地下鉄に乗り換える) = 지하철로 갈아타다

つぎのえきでのりかえる(次の駅で乗り換える) = 다음 역에서 갈아타다

でんしゃがとまる(電車が止まる) = 전철이 서다

くるまがふいにとまる(車が不意に止まる) = 차가 갑자기 멈춰서다

あしをとめる(足を止める) = 발걸음을 멈추다

くるまをとめる(車を止める) = 차를 세우다

みぎにまがる(右に曲がる) = 오른쪽으로 돌다

かどをまがっていく(角を曲がって行く) = 모퉁이를 돌아가다

あしをまげる(足を曲げる) = 다리를 굽히다

うちがわにまげる(内側に曲げる) = 안쪽으로 굽히다

えきまででむかえる(駅まで出迎える) = 역까지 마중 나가다

くうこうにきゃくをでむかえる(空港に客を出迎える)
= 공항으로 손님을 나가서 맞다

とぐちまでみおくる(戸口まで見送る) = 문간까지 배웅하다

ゆうじんをえきまでみおくる(友人を駅まで見送る)

= 친구를 역까지 배웅하다

❷ 교통과 운송 관련 어휘

こうつうとうんそう(交通と運送) = 교통과 운송
いどうとうんぱん(移動と運搬) = 이동과 운반
しゅっぱつととうちゃく(出発と到着) = 출발과 도착
しょようじかん(所要時間) = 소요시간
うんてんしゅとじょうむいん(運転手と乗務員) = 운전수와 승무원
いったんていし(一旦停止) = 일단정지
しんにゅうきんし(進入禁止) = 진입금지
ほどうとほこうしゃ(歩道と歩行者) = 보도와 보행자
うかいとじゅうたい(迂回と渋滞) = 우회와 정체
せいげんそくど(制限速度) = 제한속도
ちゅうおうぶんりたい(中央分離帯) = 중앙분리대
ぬけみちとちかみち(抜け道と近道) = 샛길과 지름길
おおどおりとろじ(大通りと路地) = 큰길과 골목길
はしとほどうきょう(橋と歩道橋) = 다리와 육교
ひろばとじゅうじろ(広場と十字路) = 광장과 네거리
ちゅうしゃじょう(駐車場) = 주차장
あんないじょ(案内所) = 안내소

まちあいしつ(待合室) = 대합실

のりば(乗り場) = 타는 곳 ; 승강장

きっぷうりば(切符売り場) = 표 파는 곳

じどうけんばいき(自動券売機) = 자동발매기

まどぐち(窓口) = 창구

かいさつぐち(改札口) = 개찰구

じょうしゃけん(乗車券) = 승차권

うせつとさせつ(右折と左折) = 우회전과 좌회전

❸ 자전거

じてんしゃ(自転車) = 자전거

ちゅうりんじょう(駐輪場) = 자전거 주차장

じてんしゃせんようどうろ(自転車専用道路) = 자전거 전용 도로

しゃりんとしゃりんのぼう(車輪と車輪の棒) = 바퀴와 바퀴살

まえかご(前籠) = 자전거 앞에 매단 쇼핑용 바구니

じてんしゃをぬすまれる(自転車を盗まれる) = 자전거를 도둑맞다

ぼうはんとうろくをする(防犯登録をする) = 방범등록을 하다

じてんしゃにのる(自転車に乗る) = 자전거를 타다

ペダルをこぐ(ペダルを漕ぐ) = 페달을 밟다

じてんしゃや(自転車屋) = 자전거 가게
タイヤにくうきをいれる(タイヤに空気を入れる)
= 타이어에 공기를 넣다

❹ 버스

バスていりゅうじょう(バス停留場) = 버스 정류장
バスターミナル = 버스터미널
しないバス(市内バス) = 시내버스
こうそくバス(高速バス) = 고속버스
かんこうバス(観光バス) = 관광버스
くうこうゆきのバス(空港行きのバス) = 공항버스
まえのりバス(前乗りバス) = 앞문으로 타는 버스
うしろのりバス(後乗りバス) = 뒷문으로 타는 버스

あかしんごう(赤信号) = 빨간 신호등
あおしんごう(青信号) = 푸른 신호등
こうそくどうろ(高速道路) = 고속도로
しゃせんとしゃどう(車線と車道) = 차선과 차도

❺ 택시

くうしゃ(空車) = 빈 차
じどうドア(自動ドア) = 자동문
タクシだい(タクシ代) = 택시요금
はつのりうんちん(初乗運賃) = 기본요금
わりましりょうきん(割り増し料金) = 할증요금

タクシをひろう(タクシを拾う) = 택시를 잡다
タクシをよぶ(タクシを呼ぶ) = 택시를 부르다
トランクににもつをのせる(トランクに荷物を載せる)
= 트렁크에 짐을 싣다
おいこしとわりこみ(追い越しと割り込み) = 추월과 끼어들기

❻ 열차

しんかんせん(新幹線) = 신칸센
せんろとふみきり(線路と踏切) = 선로와 건널목
れっしゃとてつどう(列車と鉄道) = 열차와 철도
かたみちとおうふく(片道と往復) = 편도와 왕복
まんせきとくうせき(満席と空席) = 만석과 공석

いっとうせきとじゆうせき(一等席と自由席) = 일등석과 자유석
していせきとたちせき(指定席と立ち席) = 지정석과 입석
きんえんせきときつえんせき(禁煙席と喫煙席) = 금연석과 흡연석

❼ 전철

でんしゃとちかてつ(電車と地下鉄) = 전철과 지하철
しはつとしゅうはつ(始発と終発) = 첫차와 막차
とっきゅうとかいそく(特急と快速) = 특급과 쾌속
きゅうこうとかくえきていしゃ(急行と各駅停車) = 급행과 완행
のりかえのえき(乗り換えの駅) = 환승역
うんちんとじこくひょう(運賃と時刻表) = 운임과 시간표
かいすうけんとていきけん(回数券と定期券) = 회수권과 정기권

でんしゃがこんでいる(電車が込んでいる) = 전철이 붐비다
でんしゃがすいている(電車が空いている) = 전철이 비어있다
かけこみじょうしゃきんし(駆け込み乗車禁止)
= 뛰어가서 타는 행위 금지

❽ 항공편과 공항

くうこうとりょかくき(空港と旅客機) = 공항과 여객기

こうくうとこうろ(航空と航路) = 항공과 항로

ちゃくりくとりりく(着陸と離陸) = 착륙과 이륙

にほんこうくうとぜんにっくう(日本航空と全日空)
= 일본항공과 전일본

こくさいせんとこくないせん(国際線と国内線) = 국제선과 국내선

こうくうけんととうじょうけん(航空券と搭乗券) = 항공권과 탑승권

ビザとりょけん(ビザと旅券) = 비자와 여권

にゅうこくてつづき(入国手続き) = 입국수속

にゅうこくしんさ(入国審査) = 입국심사

ぜいかんしんこく(税関申告) = 세관신고

けいゆちととうちゃくち(経由地と到着地) = 경유지와 도착지

くうこうしようぜい(空港使用税) = 공항이용료

りょかくターミナル(旅客ターミナル) = 여객터미널

くうこうラウンジ(空港ラウンジ) = 공항라운지

めんぜいてん(免税店) = 면세점

きんきゅうじたい(緊急事態) = 긴급사태

きゅうめいどうい(救命胴衣) = 구명동의

まどがわのせき(窓側の席) = 창가 쪽의 자리

つうろがわのせき(通路側の席) = 통로 쪽의 자리

きないしょく(機内食) = 기내식
もうふとめかくし(毛布と目隠し) = 모포와 안대

❾ 배편과 항구

はんせんときせん(帆船と汽船) = 범선과 기선
りょかくせん(旅客船) = 여객선
かもつせん(貨物船) = 화물선
ゆうらんせん(遊覧船) = 유람선
ごうかきゃくせん(豪華客船) = 호화여객선
かじといかり(舵と錨) = 키와 닻
せんたいとかんぱん(船体と甲板) = 선체와 갑판
せんしつとせんきょう(船室と船橋) = 선실과 선교
せんいんとせんちょう(船員と船長) = 선원과 선장
こうかいとみなと(船海と港) = 항해와 항구
はとばとぼうはてい(波止場と防波堤) = 부두와 방파제
みさきととうだい(岬と灯台) = 갑(곶)과 등대

 *kotoba*

かたぐるま(肩車) = 목말

じょうきゃく(乗客) = 승객

みなと(港) = 항구

うちがわ(内側) = 안쪽

とぐち(戸口) = 문간

わりまし(割り増し) = 할증

かたみち(片道) = 편도

くうこう(空港) = 공항

せんよう(専用) = 전용

たちせき(立ち席) = 입석

おいこし(追い越し) = 추월

わりこみ(割り込み) = 끼어들기

のりかえ(乗り換え) = 환승

てつづき(手続き) = 수속

まどがわ(窓側) = 창가 쪽

めかくし(目隠し) = 안대

いかり(錨) = 닻

みさき(岬) = 곶

とおる(通る) = 다니다

のりかえる(乗り換える) = 갈아타다

まがる(曲がる) = 돌다

まげる(曲げる) = 굽히다

でむかえる(出迎える) = 마중 나가다

こぐ(漕ぐ) = 밟다

みおくる(見送る) = 배웅하다

のせる(載せる) = 싣다

구태훈

성균관대학교 문과대학 사학과 명예교수.『일본학보』편집위원장, 일본역사문화학회 회장, 한국일본학회 회장 등 역임.

사람으로 잡는 일본어

발행인	구자선
펴낸날	2024년 3월 25일
발행처	(주)휴먼메이커
주 소	경기도 용인시 기흥구 강남서로 9 아카데미프라자 8층 825호
	전화 : 070-7721-1055
이메일	h-maker@naver.com
등 록	제2017-00006호
ISBN	979-11-982304-7-8(03730)
정 가	21,000원